W0329582

MON CAHIER PENSÉE POSITIVE

CÉCILE NEUVILLE

ILLUSTRATIONS : BÉNÉDICTE VOILE (INTÉRIEUR)
ET ISABELLE MAROGER (COUVERTURE)

SOLAR EDITIONS

SOMMAIRE

Introduction

C'est la grande tendance en ce moment, vos magazines féminins ne cessent d'en parler, et vous avez craqué... Vous vous lancez dans la psychologie positive ! Marre de voir le verre à moitié vide, envie de voir la vie en rose ? C'est parti ! Vous avez fait le bon choix, on ne vous dira pas le contraire !

Vous vous demandez peut-être comment font toutes ces personnes qui semblent si heureuses, qui gardent le sourire quoi qu'il advienne. Leur vie semble magique, tout paraît si simple pour elles ! Mais comment est-ce possible ? Sont-elles nées avec un gène positif ? Ont-elles suivi des cours de bonheur ? Sont-elles juste bien entourées ?

C'est ce que la science étudie depuis quelques dizaines d'années. Elle propose maintenant, au travers de la psychologie positive, quelques clés pour vous aider à comprendre, apprendre et appliquer ce fameux optimisme au quotidien !

Dans ce cahier, vous trouverez toutes les clés pratiques pour vous aider à cultiver cette nouvelle façon de voir la vie. Au travers de petits tests, vous apprendrez à mieux vous connaître et à porter un regard plus positif sur vous-même, tout en identifiant vos pistes d'amélioration pour vous révéler sous votre meilleur jour. Vous renforcerez votre positivisme naturel. Car la bonne nouvelle c'est que vous possédez en vous tout ce qu'il faut pour enchanter votre existence !

Vous avez des talents, vous avez un grand potentiel pour vous épanouir, et après les quelques semaines de coaching positif qui vous sont proposées vous saurez enfin mettre vos talents au service de ce potentiel. L'avenir vous appartient ! En ouvrant ce cahier, vous avez déjà fait le premier pas vers une vie encore et toujours plus épanouie !

Que le positif soit avec vous !

Chapitre 1

Mon état des lieux positif

Mais au fait, la pensée positive c'est quoi ?

Bon, c'est décidé, vous voulez plus de positif dans votre vie ! Vous avez entendu parler de la pensée positive, c'est sans doute LA solution ! Alors c'est parti et vous verrez bien si ça fonctionne ou non ! Après tout, rien à perdre, tout à gagner, non ? Au pire, vous en resterez là où vous en êtes… Détrompez-vous : tout n'est pas si simple ! Alors de quoi parle-t-on précisément dans ce cahier ? Pensée positive ? Psychologie positive ? Quelle différence ? Et comment ces techniques vont-elles pouvoir vous aider ?

Je vais bien, tout va… bien ?

À l'origine, le docteur Émile Coué, le père de la pensée positive par l'autosuggestion, conseillait de se répéter vingt fois par jour devant son miroir le mantra suivant : « Tous les jours, à tous points de vue, je vais de mieux en mieux. » Sa fameuse méthode a eu de nombreux adeptes et en conserve encore beaucoup à travers le monde. Mais, si c'est tellement facile, pourquoi tout le monde ne voit pas la vie en rose ?
Au début du XXIe siècle, la science commence à s'intéresser à la pensée positive, et des chercheurs canadiens décident d'évaluer l'impact réel de la méthode Coué. Les résultats sont étonnants : l'autosuggestion positive influence positivement l'humeur de personnes ayant déjà à la base une bonne estime d'elles-mêmes. Mais… elle influence négativement l'humeur des personnes ayant au départ une faible estime d'elles-mêmes. Se répéter des phrases auxquelles on ne croit pas sincèrement peut avoir un véritable effet pervers sur l'humeur !

La psychologie positive, quèsaco ?

Mais alors comment développer une pensée positive ? Martin Seligman, le père de la psychologie positive, a identifié des conditions et pratiques qui développent réellement cet état d'esprit favorisant l'épanouissement personnel et le bonheur.
Selon sa théorie du bonheur authentique, 3 points sont essentiels :

• Menez une vie agréable !

Multipliez les occasions permettant de vivre des émotions positives dans votre quotidien, telles que la joie, le rire, l'enthousiasme, l'émerveillement, l'amour ou la tendresse.

• Menez une vie engagée !

Multipliez les activités dans lesquelles vous vous sentez à la hauteur de la tâche, en vous appuyant sur vos forces, et les activités vous procurant cette sensation de *flow* tel un artiste en pleine création !

• Menez une vie pleine de sens !

Multipliez les occasions d'agir en accord avec vos valeurs, vos ambitions et en ayant la sensation de contribuer à quelque chose de plus grand que vous !
Et si 50 % de votre positivisme provient de votre héritage génétique et familial et si 10 % dépendent directement de votre environnement, il vous reste une marge de manœuvre de 40 % pour développer votre optimisme. C'est justement à ce niveau-là que ce cahier va pouvoir vous aider !

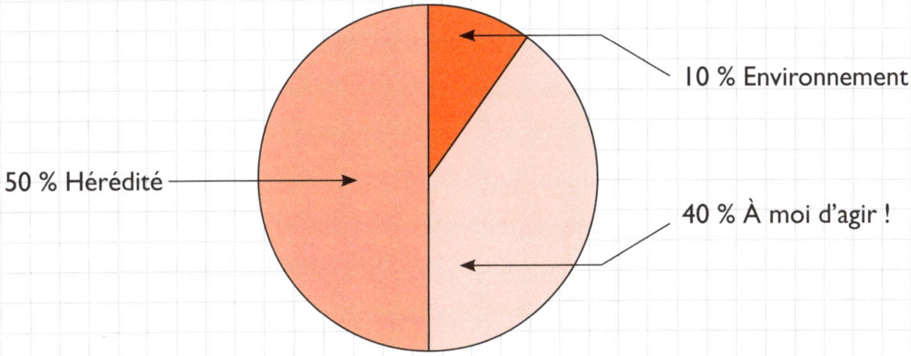

Mon coaching pensée positive

Alors que la psychologie essaie de guérir la souffrance, la psychologie positive propose tout simplement de booster ses talents et ses forces pour vivre plus heureux. Ce coaching positif va donc vous accompagner dans la recherche de vos talents, de vos forces et de vos solutions pour mener cette vie plus agréable, engagée et pleine de sens ! Plus besoin de passer du temps à cacher vos imperfections et fragilités, il est temps de révéler vos capacités et de profiter pleinement de chaque instant. Vous avez en vous le germe de la positive attitude, c'est le moment de le cultiver !
Bien sûr, même en étant 100 % positive, vous serez toujours amenée à rencontrer des difficultés. Le monde reste le même, l'existence ne deviendra pas tout à coup une comédie romantique de David Nicholls. Mais votre nouveau regard positif vous permettra de transformer un problème en opportunité. Et tout sera plus simple !

Test : Êtes-vous optimiste de nature ?

Faites le test pour le savoir. À vos stylos !

1. Vous avez obtenu un excellent résultat à un examen :

- ● Vous avez assuré et ressentez de la fierté !
- ♦ Vous aviez bien révisé, c'est normal !
- ■ L'examen était facile, vous avez juste eu de la chance.

2. Au réveil, vous avez l'habitude de :

- ● Vous réjouir de cette nouvelle journée qui commence dès que vos yeux s'ouvrent !
- ■ Râler, car vous n'avez pas envie de vous lever !
- ♦ Vous lever simplement quand le réveil sonne.

3. Vous apprenez une mauvaise nouvelle au travail. Une fois de retour à la maison :

- ♦ Vous vous isolez pour vous calmer…
- ● Vous profitez de votre famille pour vous ressourcer !
- ■ Personne ne peut vous comprendre, c'est dispute assurée !

4. Vos nuits sont :

- ● Reposantes et ressourçantes !
- ■ Interminables à cause des insomnies…
- ♦ Parfois interrompues par un cauchemar, une faim ou une envie de faire pipi…

5. Ce matin, la voiture ne démarre pas :

- ♦ Ça arrive, vous appelez un dépanneur et réorganisez votre journée.
- ■ Et voilà, la série de la poisse continue.
- ● Allez, ce sera une belle occasion de marcher !

6. Votre sœur vous apprend en pleine journée de travail que vous allez avoir un neveu :

- ● Voilà une nouvelle qui embellit votre journée !
- ■ Ce n'est vraiment pas le moment, vous avez du boulot ! « Elle aurait pu attendre ce soir pour m'annoncer ça ! »
- ♦ Vous essaierez ce soir de lui envoyer un SMS pour la féliciter !

7. Votre équipe a perdu à la suite d'une mauvaise passe de votre part :

- ♦ Vous vous excusez et promettez de mieux vous entraîner pour la prochaine fois.
- ● Après quelques entraînements, votre équipe finira bien par gagner un jour !
- ■ Vous culpabilisez beaucoup, votre équipe vous en veut sûrement…

8. Vous avez choisi votre métier :

- ● Par passion ou vocation !
- ♦ Par élimination, après une première sélection.
- ■ Par obligation, pour gagner de quoi vivre.

9. Une amie que vous n'avez pas vue depuis longtemps vous invite au restaurant :

- ■ Mouais… elle doit avoir un truc à se faire pardonner ou à vous demander…
- ● Génial, cette amitié va pouvoir repartir de plus belle !
- ♦ Sympa, vous allez sans doute passer une bonne soirée.

10. Vous rêvez d'un monde :

- ■ Où on enfermerait à vie tous les meurtriers et autres malfrats !
- ♦ Où la justice régnerait naturellement.
- ● Où tout le monde serait heureux !

Faites les comptes !

♦	●	■

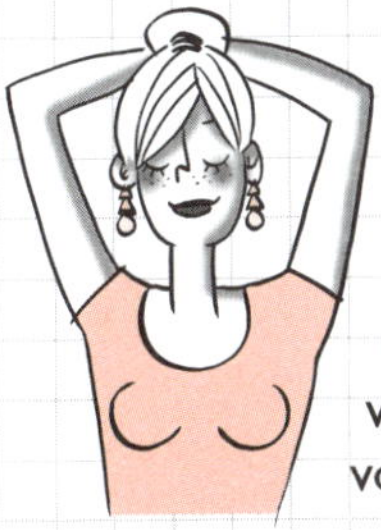

Vous avez une majorité de ■ : *Vous êtes une optimiste en devenir !*

Vous avez bien conscience que ce cahier peut vous aider à voir la vie sous un nouvel angle et à développer votre optimisme ! Fatiguée de vous battre contre vents et marées, vous sentez qu'il est temps pour vous de suivre les élans porteurs du positif ! Vous n'en dormirez que mieux et vos journées ou vos soirées n'en seront que plus agréables. Vous sentirez plus de légèreté dans vos relations et oserez enfin prendre des décisions pour votre propre bonheur !

Vous avez une majorité de ♦ : *Vous êtes une optimiste réaliste !*

Vous trouvez un juste équilibre entre votre optimisme et votre réalisme. Un obstacle ne vous empêchera pas d'avancer. En revanche, vous pourriez sans doute le surmonter avec plus d'optimisme et avec le sourire ! Vous parvenez sans doute à bien gérer vos relations, comme votre emploi du temps, mais prenez-vous le temps de vous faire vraiment plaisir et de profiter de la vie à 100 % ? Ce cahier va vous aider à booster votre positivisme et à franchir un cap supplémentaire vers une vie épanouie. Laissez définitivement place aux lunettes roses !

Vous avez une majorité de ● : *Vous êtes naturellement une little miss Sunshine !*

Alors là, un grand bravo ! Votre optimisme bat des records ! Vous souriez à la vie, et elle vous le rend bien. L'essentiel, pour vous, c'est de profiter de chaque instant, d'en tirer le maximum de plaisir et de sens, et c'est ce que vous souhaitez à tout le monde. Ce cahier va vous plaire à coup sûr, car il va vous donner toutes les occasions de pratiquer votre philosophie de vie. Vous y trouverez de nouvelles idées pour entretenir votre positive attitude tout en vous amusant. Tel un jardin, c'est en entretenant ce positif en vous que vous récolterez les plus beaux fruits.

À vos marques, prête ? Autoévaluation de départ !

Avant de prendre la route pour une nouvelle destination, il est important de faire un petit état des lieux ! D'où partez-vous ? Où désirez-vous aller ? Prenez quelques instants pour bien préparer votre voyage vers une vie plus positive et épanouie. Les médias déclarent régulièrement que la France est le pays le plus pessimiste d'Europe. Mais qu'est-ce que l'optimisme ou le pessimisme ? De manière traditionnelle, être optimiste c'est être confiant dans l'issue positive d'un événement, tandis que le pessimisme c'est plutôt s'attendre au pire. Alors, concrètement, dans votre vie de tous les jours, comment évaluer votre optimisme ou votre pessimisme ? Ou comment savoir si vous êtes positive avec vous-même ? La positive attitude, c'est aussi positiver sa relation avec soi ! Êtes-vous plutôt pull gris muraille et tristesse en bandoulière ? Ou bien robe à fleurs et sourire éclatant ? Pour apprendre quelle part de miss Sunshine ou de Dr Sad vous portez en vous, commencez par répondre à cette petite série de questions intuitives.

Suis-je une personne positive ?

À combien évaluez-vous votre niveau de pensée positive à l'heure actuelle ?

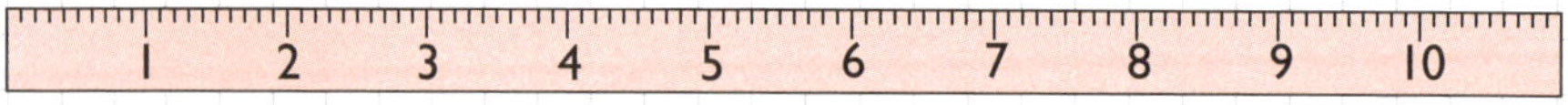

Prouvé par la science !
Les facteurs comme l'humeur du moment, la météo du jour ou l'environnement influencent directement les réponses à ce type d'autoévaluation subjective. Mais ces distorsions disparaissent dès lors que vous en prenez conscience. Donc, pour répondre le plus objectivement possible, soyez attentive à votre humeur, à la météo, à votre environnement et à leur impact sur vous. Avant d'écrire, prenez trois respirations profondes. Vous avez les idées plus claires ? Alors allez-y, répondez le plus sincèrement possible !

Suis-je capable de me reconnaître des points positifs ?

Mon corps. Je note 3 choses que j'aime dans mon apparence physique.

1 ....

2 ....

3 ....

Mon esprit. Je note 3 choses que j'aime dans ma personnalité.

1 ....

2 ....

3 ....

Mon cœur. Je note 3 choses que j'aime dans mes émotions et sentiments.

1 ....
2 ....
3 ....

Mes relations. Je note 3 choses que j'aime dans mes relations.

1 ....
2 ....
3 ....

Suis-je capable de voir (un peu) la vie en rose ?

Mon passé. Je note 3 événements positifs que j'ai vécus.

1 ....
2 ....
3 ....

Ma planète. Je note 3 points positifs de notre monde actuel.

1 ....
2 ....
3 ....

Mon présent. Je note 3 aspects positifs de ma vie actuelle.

1 ....
2 ....
3 ....

Mon futur. Je note 3 de mes attentes positives pour l'avenir.

1 ....
2 ....
3 ....

Pas facile ?
Rassurez-vous, la pensée positive c'est un peu comme le vélo : au début, ce n'est pas facile, mais à force de motivation et d'entraînement, cela devient totalement naturel ! Et *Mon cahier Pensée positive* est là pour vous y aider !

Résultats

Vous avez réussi à trouver 3 éléments positifs par thème : Bravo ! Vous avez établi une certaine relation positive avec vous-même. L'exercice vous a peut-être paru difficile cependant, mais pas d'inquiétude : les défis du coaching sont faciles. Il vous reste encore un peu de chemin à parcourir vers une vie épanouie mais vous partez avec de l'avance !

Vous n'avez pas réussi à trouver 3 éléments positifs par thème : Vous méritez d'être plus généreuse avec vous-même, et positiver vous fera le plus grand bien ! Commencez votre coaching sans plus tarder.

À quel point suis-je motivée pour devenir plus positive ?

Vous arrive-t-il souvent de vous laisser aller à être négative ? Le test le plus connu sur ce sujet est celui du verre d'eau : le voyez-vous en général plutôt à moitié vide ou à moitié plein ? Avec une pensée très positive, vous pourriez même le voir entièrement plein : moitié plein d'eau, moitié plein d'air. Ce n'est pas parce que vous ne voyez pas l'air qu'il n'existe pas !

→ Remplissez le verre tel que vous le voyiez avant d'ouvrir ce cahier.

« Avant »

Avant tout, il faut commencer par y mettre l'intention. Et si vous avez *Mon cahier Pensée positive* entre les mains, c'est plutôt bon signe ! Mais quel est votre niveau de motivation ? À quel point avez-vous envie d'apporter plus de positif dans votre vie ?

→ Remplissez à nouveau ce verre de la façon dont vous aimeriez vraiment le voir après avoir parcouru ce cahier.

« Après »

Je suis motivée !

Évaluez-vous votre niveau de motivation à devenir plus positive à l'heure actuelle.

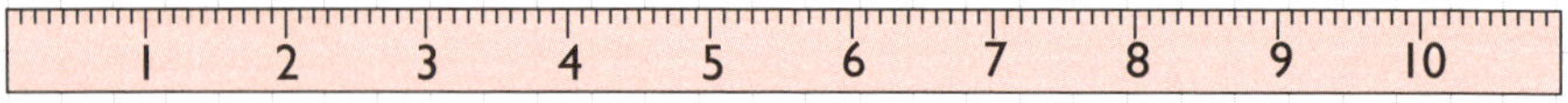

→ La motivation, c'est l'importance que l'on accorde à notre objectif, notre projet, et c'est aussi avant tout l'une des principales clés de la réussite. Alors, si votre motivation n'est pas encore supérieure à 7, votre premier objectif devrait peut-être d'abord être de la booster…

Cherchez et vous trouverez !

Un petit exercice pour illustrer l'importance de l'intention.

- Regardez autour de vous et cherchez toutes les choses de couleur bleue.
- Fermez les yeux. Repensez à toutes les choses bleues et comptez-les dans votre tête.
- Sans ouvrir les yeux, cherchez à vous remémorer les choses de couleur verte et comptez-les.

Résultat : vous vous êtes souvenue de plus d'objets bleus que verts. On trouve toujours plus de ce qu'on cherche !

Chapitre 2
Mes objectifs positifs

Décider de positiver, c'est bien. Mais si vous en restez là, allez-vous vraiment optimiser votre coaching ? Précisez vos besoins ! Pour cela, fixez-vous clairement des objectifs.

Je me fixe des objectifs de coaching

Un objectif positif efficace doit être SMARTEP !

S = spécifique (précis, clair, concret)
M = mesurable (on peut évaluer si on a atteint son objectif dans le délai)
A = accessible (à votre portée, réalisable dans l'absolu)
R = réaliste (réalisable dans les conditions du moment)
T = temporairement défini (avec un délai, une durée, une fréquence)
E = enthousiasmant (vous y prenez du plaisir rien qu'à y penser !)
P = positif (il doit être positif pour vous, pour autrui, pour le monde…)

Prouvé par la science !
Rêver est un facteur de bonheur : une multitude de recherches en psychologie positive prouvent que poursuivre des objectifs personnels rend heureux.
Rêves et objectifs donnent du sens à notre vie, motivent notre quotidien, nous poussent à apprendre et à nous dépasser, et contribuent ainsi à une vie plus positive !

J'identifie mon rêve positif de vie

Votre objectif doit répondre à une envie profonde. Vos plus grandes envies sont vos rêves de vie.

Comment faire pour connaître votre rêve de vie ?
Prenez quelques instants en fermant les yeux pour repenser à ce que vous rêvez de faire de votre vie. Rappelez-vous ce que vous vouliez faire quand vous étiez enfant, les rêves que vous avez eus à différentes périodes de votre vie, ce à quoi vous aspirez aujourd'hui. Puis décrivez en quelques mots votre principal rêve de vie.

....
....
....
....
....

Je détermine mon pilier de vie clé

Selon vous, dans quel domaine de votre vie devez-vous positiver le plus pour réaliser votre rêve de vie ? Cochez la proposition qui correspond le mieux parmi celles qui suivent.

- ❑ Renforcer le positif en moi (optimisme, vision des choses)
- ❑ Renforcer le positif dans ma vie amoureuse
- ❑ Renforcer le positif dans ma vie familiale
- ❑ Renforcer le positif dans mes relations
- ❑ Renforcer le positif dans ma vie professionnelle
- ❑ Renforcer le positif dans ma vie personnelle (loisirs, plaisirs, détente…)
- ❑ Renforcer le positif dans ma relation avec moi-même (confiance, estime…)
- ❑ Renforcer le positif dans ma gestion du quotidien (argent, temps…)
- ❑ Renforcer le positif dans mon hygiène de vie (corps, santé, sommeil…)
- ❑ Renforcer le positif dans ma relation au monde (société, environnement…)
- ❑ Renforcer le positif dans ma vie en général (équilibre, stabilité, sérénité…)

Quelle que soit la proposition que vous avez cochée, votre objectif est réalisable ! Gardez-le toujours en tête et laissez *Mon cahier Pensée positive* vous guider !

Prouvé par la science !
Le cerveau humain évolue sans cesse. Aussi, à force d'entraînement, nous pouvons réellement et concrètement le transformer, créer de nouvelles voies neuronales et ainsi modifier notre façon de penser et nos comportements !

Je me fixe un objectif mesurable

Quel niveau de pensée positive voulez-vous atteindre pour réaliser votre objectif et concrétiser votre rêve de vie ?

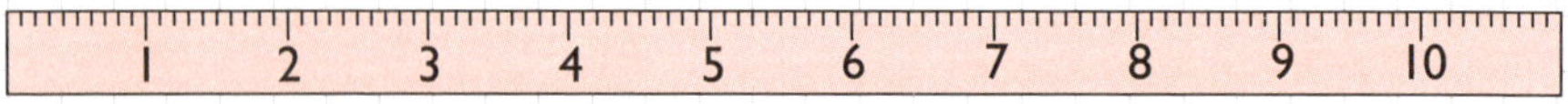

Je m'engage vers mon objectif positif personnel

Maintenant que vous avez identifié votre pilier de vie clé et fixé un niveau de positif à atteindre, vous avez trouvé votre OBJECTIF POSITIF PERSONNEL ! Notez-le !

Mon objectif personnel est de booster le positif dans (*ce pilier de vie*)…………..
……………………………………
jusqu'à atteindre le niveau de positif….
afin de réaliser mon rêve de…………..
……………………………
……………………………
……………………………

Si vous avez plusieurs rêves ou plusieurs objectifs, libre à vous de revenir débuter ce coaching autant de fois que vous le désirez !

Chapitre 3
J'identifie mes forces pour positiver !

À présent que vous avez déterminé votre objectif positif, vous allez passer à l'action. Pour choisir le coaching qui vous convient, déterminez quel est votre X-factor du bonheur !

Test : Quelle est ma force naturelle pour positiver ?

Le principe de la psychologie positive est donc de développer vos forces positives naturelles. Vous possédez un potentiel positif. Vous avez des outils innés pour positiver mais vous ne les exploitez pas encore en ce sens. Quelle force sera le levier de votre positive attitude ? La sagesse ? Le courage ? L'humanité ? La justice ? La modération ? La transcendance ? Quelle sorte de personnalité positive avez-vous ? Pour le savoir, passez le test suivant des forces de caractère de Seligman !
Notez le plus honnêtement et sincèrement possible à combien vous évaluez ces forces de caractère en vous de 1 (je ne me retrouve pas du tout dans cette description) à 10 (je me retrouve totalement dans cette description).

Prouvé par la science !
Certaines forces de caractère sont communes aux personnes les plus heureuses et sont moins présentes chez celles qui le sont moins. Les équipes de chercheurs de Martin Seligman et Christopher Peterson, deux grands noms de la psychologie positive, ont ainsi identifié 24 forces, talents ou qualités humaines propices au bonheur, qu'ils ont réparties en 6 grandes vertus.
Si nous avons tous en nous un minimum de chacune de ces forces, nous avons aussi chacun développé une vertu plus particulièrement. Quelle est la vôtre ?

1. Créativité, ingéniosité et originalité

1 2 3 4 5 6 7 8 9 10

Vous aimez trouver une façon innovante, voire surprenante, de faire ou de présenter les choses ! Faire la différence, c'est essentiel pour vous, et vous ne manquez jamais d'imagination pour y parvenir !

2. Courage et vaillance

1 2 3 4 5 6 7 8 9 10

Vous êtes une personne courageuse, qui ne recule pas devant la menace, les défis, les difficultés ou la douleur. Vous prenez la parole en faveur de ce qui est juste, même s'il faut affronter une résistance. Vous agissez selon vos convictions.

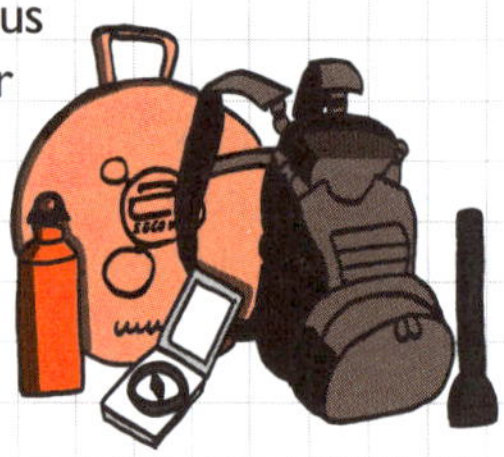

3. Espoir, optimisme et anticipation du futur

1 2 3 4 5 6 7 8 9 10

Vous attendez des bienfaits dans les temps à venir et vous travaillez pour les obtenir. Vous croyez que vous avez le pouvoir d'agir sur l'avenir, de le construire.

4. Modestie et humilité

1 2 3 4 5 6 7 8 9 10

Vous ne cherchez pas à être sur le devant de la scène et vous préférez laisser vos actes parler d'eux-mêmes. Vous ne vous considérez pas comme quelqu'un de spécial, et les autres reconnaissent et ont de l'estime pour votre modestie.

5. Maîtrise de soi et autorégulation

1 2 3 4 5 6 7 8 9 10

Vous maîtrisez en pleine conscience vos sentiments et vos actes. Vous savez faire preuve de discipline. C'est vous qui contrôlez vos appétits et vos émotions, pas l'inverse.

6. Spiritualité, religiosité, but dans la vie et foi

1 2 3 4 5 6 7 8 9 10

Vous avez des croyances fortes et cohérentes en ce qui concerne la raison d'être de l'Univers et la puissance supérieure qui le régit. Vous connaissez votre place au sein du plus Grand Dessein. Vos croyances motivent vos actions. Ce sont une source de bien-être et de réconfort pour vous.

7. Curiosité et intérêt pour le monde

1 2 3 4 5 6 7 8 9 10

Vous vous intéressez à tout. Vous posez toujours des questions et vous trouvez tous les sujets et toutes les matières fascinantes. Vous aimez l'exploration et les découvertes.

8. Assiduité, application et persévérance

1 2 3 4 5 6 7 8 9 10

Vous travaillez dur pour terminer ce que vous commencez. Quel que soit le projet, vous abattez le travail dans les plus brefs délais. Vous ne vous laissez pas distraire, et vous tirez satisfaction des tâches accomplies.

9. Intelligence sociale

1 2 3 4 5 6 7 8 9 10

Vous êtes consciente des sentiments des autres et de ce qui les motive, vous savez comment vous adapter dans différents groupes, et vous savez comment mettre les autres à l'aise.

10. Pardon

1 2 3 4 5 6 7 8 9 10

Vous donnez toujours une seconde chance. Vous n'envisagez jamais la vengeance.

11. Leadership (capacité à diriger, mener, guider, inspirer)

1 2 3 4 5 6 7 8 9 10

Vous excellez lorsqu'il s'agit de diriger : encourager un groupe, maintenir l'harmonie en faisant en sorte que chacun se sente inclus. Vous êtes douée pour organiser des activités et veiller à leur bon déroulement.

12. Sens esthétique et goût de l'excellence

1 2 3 4 5 6 7 8 9 10

Vous remarquez et appréciez la beauté, l'excellence et/ou les performances dans tous les domaines de la vie, allant de la nature aux arts, en passant par les mathématiques, les sciences et la vie quotidienne.

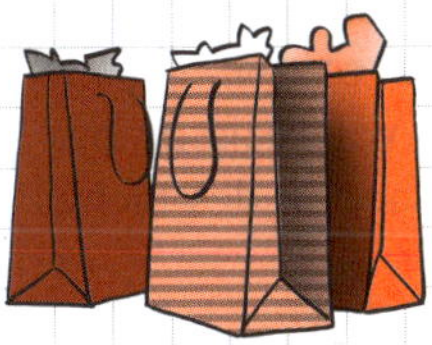

13. Discernement, pensée critique et ouverture d'esprit

1 2 3 4 5 6 7 8 9 10

Bien réfléchir aux choses et en examiner tous les aspects sont des points importants de votre personnalité. Vous ne tirez pas de conclusions hâtives, et vous ne vous appuyez que sur des certitudes pour prendre vos décisions.

14. Honnêteté, intégrité et sincérité

1 2 3 4 5 6 7 8 9 10

Non seulement vous dites la vérité, mais vous vivez de façon honnête, sincère et authentique. Vous savez garder les pieds sur terre, et cela sans prétention ; vous êtes quelqu'un de vrai.

15. Gentillesse et générosité

1 2 3 4 5 6 7 8 9 10

Vous n'êtes jamais trop occupée pour rendre un service. Vous aimez faire des bonnes actions pour les gens, même lorsque vous ne les connaissez pas bien.

16. Humour et enjouement

1 2 3 4 5 6 7 8 9 10

Vous aimez rire et taquiner. Il est important pour vous d'apporter de la joie et de la bonne humeur. Vous essayez de voir le bon côté dans chaque situation.

17. Impartialité, équité et justice

1 2 3 4 5 6 7 8 9 10

Traiter les gens équitablement est l'un de vos principes permanents. Vous ne laissez pas vos sentiments personnels influencer les décisions qui touchent autrui, vous donnez à chacun sa chance.

18. Amour de l'étude, de l'apprentissage

1 2 3 4 5 6 7 8 9 10

Vous adorez apprendre, que ce soit dans un but professionnel ou personnel. Vous avez toujours aimé l'école, la lecture, les musées. Où que vous soyez, vous trouvez l'opportunité de vous cultiver.

19. Sagesse, bon sens et maturité

1 2 3 4 5 6 7 8 9 10

Bien que vous ne vous considériez pas comme un sage, vos amis vous voient ainsi. Ils ont de l'estime pour votre capacité à prendre du recul et se tournent vers vous lorsqu'ils ont besoin de conseils. Vous avez une manière de voir les choses qui est toujours perçue comme une vision pleine de bon sens et de maturité.

20. Joie de vivre, enthousiasme, vigueur et énergie

1 2 3 4 5 6 7 8 9 10

Quelle que soit la tâche qui vous est confiée, vous l'abordez avec passion et énergie. Vous ne faites pas les choses à moitié et vous ne faites rien sans enthousiasme. Pour vous, la vie est une aventure !

21. Gratitude

1 2 3 4 5 6 7 8 9 10

Vous êtes consciente des bienfaits qui vous sont offerts et vous ne considérez jamais qu'ils vous sont dus. Vos amis et les membres de votre famille savent que vous êtes une personne reconnaissante, parce que vous prenez toujours le temps d'exprimer vos remerciements.

22. Précaution, prudence et discrétion

1 2 3 4 5 6 7 8 9 10

Vous êtes quelqu'un de prudent. Vous ne faites ni ne dites rien que vous ne risquiez de regretter.

23. Capacité d'aimer et d'être aimée

1 2 3 4 5 6 7 8 9 10

Vous accordez de l'importance aux relations intimes avec les autres, en particulier celles dans lesquelles la confiance et l'attention sont réciproques. Les personnes desquelles vous vous sentez les plus proches vous le rendent bien.

24. Citoyenneté, travail d'équipe et fidélité

1 2 3 4 5 6 7 8 9 10

Vous excellez en tant que membre d'un groupe. Vous êtes une amie fidèle et dévouée, vous faites toujours votre part de travail et travaillez dur pour le succès du groupe.

Je comptabilise mes points

	Sagesse	Courage	Humanité	Justice	Modération	Transcendance
	1 :	2 :	9 :	11 :	4 :	3 : ....
	7 :	8 :	15 :	17 :	5 :	6 : ....
	13 :	14 :	23 :	24 :	10 :	12 : ....
	18 :	20 :			22 :	16 : ....
	19 :					21 : ....
Total :						
Moyenne	Total/5 =	Total/4 =	Total/3 =	Total/3 =	Total/4 =	Total/5 =

Vous avez obtenu la meilleure moyenne avec la force « Sagesse » :

révélez la penseuse positive qui est en vous !

Vos capacités innées pour positiver sont les suivantes : découvrir, créer et réfléchir. Vous aimez apprendre, découvrir, poser des questions, en gardant toujours une belle ouverture d'esprit. Voilà de belles qualités qui vous permettent de bien réfléchir avant d'agir, vous donnant souvent le rôle du sage qui détient la bonne parole aux yeux de vos proches. Et comme votre créativité vous amène régulièrement à penser de façon originale, à voir les choses de manière différente, parfois plus ingénieuse, vous êtes souvent amenée à innover, créer ou surprendre.

C'est un atout pour positiver, car votre comportement et vos relations sont déterminés avant tout par votre façon de penser ! Cependant, attention à ne pas vous enfermer dans vos pensées. La spontanéité peut aussi avoir du bon !

→ **Rendez-vous pour le coaching n° 1, à la page 20 !**

Vous avez obtenu la meilleure moyenne avec la force « Courage » :

révélez l'agisseuse positive qui est en vous !

Vos capacités innées pour positiver sont les suivantes : oser, persévérer, s'enthousiasmer. Vous n'avez pas souvent peur de passer à l'action, les obstacles et le temps ne vous découragent pas tant que votre projet vous enthousiasme réellement. Votre courage et votre honnêteté vous permettent de vivre chaque journée à fond. À vos yeux, la vie est une aventure qui vaut la peine d'être vécue avec passion !

C'est un atout pour positiver car, sans action, la vie ne mène à rien ! Cependant, attention à ne pas vous épuiser, parfois un peu de repos peut avoir du bon !

→ **Rendez-vous pour le coaching n° 2 à la page 31 !**

Vous avez obtenu la meilleure moyenne avec la force « Humanité » :

révélez l'émotionnelle positive qui est en vous !

Vos capacités innées pour positiver sont les suivantes : aimer, écouter, partager. Vous êtes toujours bien entourée et veillez à entretenir vos relations avec beaucoup d'attention. Vos proches se sentent suffisamment en confiance pour vous faire des confidences, et vous savez les écouter en toute bienveillance et sans les juger. Vous aimez sincèrement les gens, vous aimez échanger avec eux sur des sujets très divers et vous aimez leur faire plaisir, ce qui vous permet de vous adapter dans des contextes sociaux très divers.

C'est un atout pour positiver car le bonheur se multiplie toujours lorsqu'il est partagé ! Cependant, attention à ne pas consacrer toute votre énergie aux autres à vos dépens. S'occuper de soi peut aussi avoir du bon !

→ **Rendez-vous pour le coaching n° 3 à la page 41 !**

Vous avez obtenu la meilleure moyenne avec la force « Justice » :

révélez la leadeur positive qui est en vous !

Vos capacités innées pour positiver sont les suivantes : collaborer, encourager, équilibrer. Faire partie d'un groupe est tout à fait naturel pour vous, vous y trouvez très facilement votre place. Vous aimez le travail en équipe et l'esprit d'équipe : soutenir, encourager, valoriser, fidéliser, répartir les tâches, favoriser l'équité, la justice et maintenir cet équilibre, cette harmonie qui permet à chacun des membres du groupe de s'y épanouir. Pour vous, le bien-être de chaque membre est tout aussi important que le succès du groupe en général !

C'est un atout pour positiver car, en groupe, nous avons 8 fois plus de chances d'atteindre nos objectifs que seule ! Cependant, attention à ne pas y perdre son identité, ses goûts et ses choix personnels… Un peu de solitude peut aussi avoir du bon pour retrouver toute son authenticité !

→ **Rendez-vous pour le coaching n° 4 à la page 53 !**

Vous avez obtenu la meilleure moyenne avec la force « Modération » :

révélez la bienveillante positive qui est en vous !

Vos capacités innées pour positiver sont les suivantes : anticiper, se maîtriser, pardonner. Vous aimez prévoir, planifier, afin que tout se déroule au mieux. Vous anticipez le meilleur comme le pire, mais même le pire est pardonnable, l'échec n'existe pas, tout est apprentissage. Vous savez rester zen en toutes circonstances, vous maîtrisez bien vos émotions. Et si votre discrétion révèle une certaine modestie, vous n'en êtes pas moins inspirante par votre attitude toujours sereine et bienveillante.
C'est un atout pour positiver, car la zen attitude ouvre les portes à la sérénité et à la paix intérieure. Cependant, attention à ne pas manquer des opportunités par trop de prudence. Un peu d'audace et de spontanéité peuvent aussi avoir du bon !

→ **Rendez-vous pour le coaching n° 5 à la page 63 !**

Vous avez obtenu la meilleure moyenne avec la force « Transcendance » :

révélez l'éveillée positive qui est en vous !

Vos capacités innées pour positiver sont les suivantes : apprécier, remercier, espérer. Vous aimez ce qui est beau dans la nature, les arts ou l'humanité, et vous savez exprimer votre émerveillement. Votre optimisme vous permet d'avoir toujours le sourire, et votre joie de vivre est communicative ! Vous prenez aussi beaucoup de plaisir à exprimer votre gratitude ou votre enthousiasme pour les belles actions à votre égard ou en faveur d'un monde meilleur. Vous aimez vous sentir connectée à ce monde et croyez en quelque chose de plus grand qui nous unit tous.
C'est un atout pour positiver car la foi donne des ailes, c'est bien connu, et quand on croit fort en quelque chose, tout devient possible ! Cependant, attention à ne pas vous couper de la réalité quotidienne. Même la tête dans les étoiles, garder les pieds sur terre peut avoir du bon !

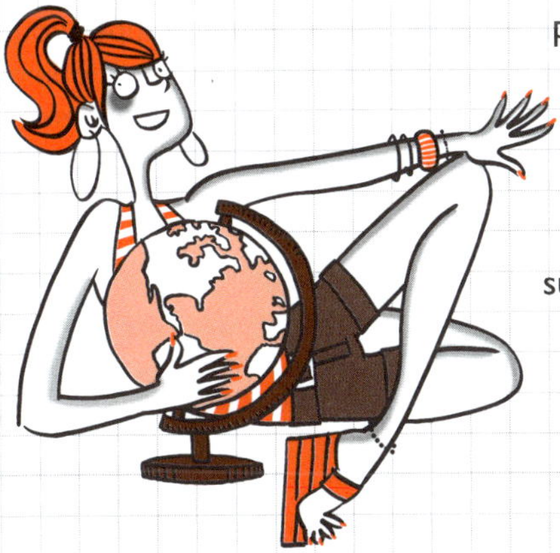

→ **Rendez-vous pour le coaching n° 6 à la page 73 !**

Chapitre 4

Je me coache !

Maintenant que vous avez identifié votre force naturelle prédominante, que diriez-vous d'apprendre à la cultiver pour révéler la belle personne positive que vous êtes déjà au plus profond de vous ? Et si, en plus, vous le faisiez en y prenant du plaisir ? C'est ce que vous propose ce programme de coaching personnalisé !

Concrètement, vous allez pouvoir mettre en application dans votre vie de tous les jours les meilleurs conseils issus des recherches de psychologie positive pour booster votre positif et déployer vos ailes d'optimiste ! Sur un programme de 3 semaines adapté à votre personnalité, chaque jour, vous allez pouvoir relever un petit défi positif et constater par vous-même votre évolution semaine après semaine. Mais attention, la réussite de ce coaching dépend avant tout de votre implication !

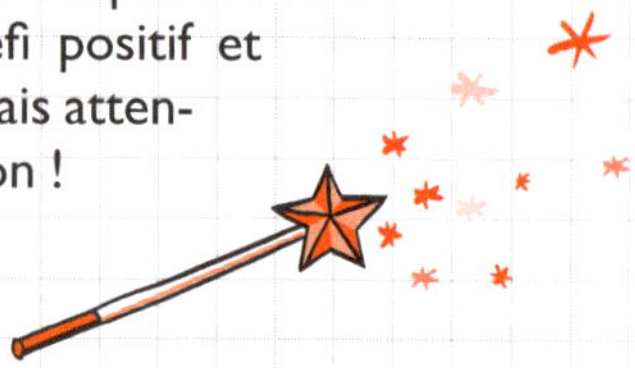

Coaching positif n° 1 : Révélez la penseuse positive qui est en vous !

Vos réponses au test des forces naturelles vous ont orientée vers le coaching positif n° 1 ! Vous allez pouvoir renforcer vos capacités mentales au service de votre positivisme ! Durant les 3 semaines à venir, vous allez en effet stimuler votre créativité, votre curiosité, votre ouverture d'esprit, votre amour de l'apprentissage et votre sagesse pour développer votre confiance en vous, dans la vie et dans l'avenir ! À l'aide de techniques comme la modélisation, la vision alternative ou la psychogénéalogie positive, laissez-vous guider jour après jour vers une vie plus riche en pensées positives !

Semaine 1 : Je booste ma créativité intellectuelle !

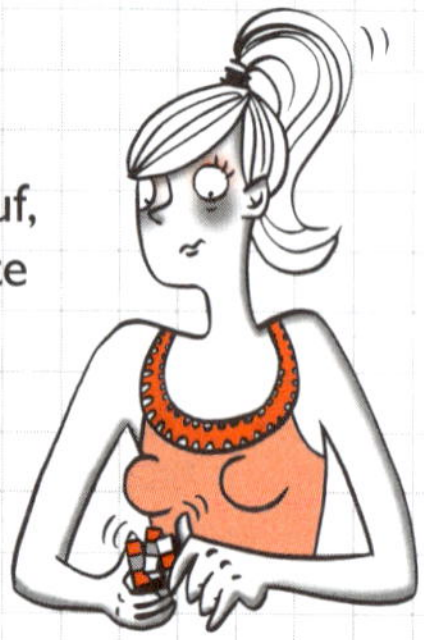

La créativité, c'est savoir imaginer ou mettre en œuvre un concept neuf, une idée nouvelle, un objet inattendu ou découvrir une solution innovante à un problème. En développement personnel, c'est aussi la capacité à faire preuve d'originalité dans sa manière d'associer des choses, des idées ou des situations. C'est aussi apporter sans cesse du nouveau dans son quotidien et dans sa manière de vivre. Bref, cette semaine, laissez-vous surprendre par votre créativité !

LUNDI

Ma technique positive du jour

La modélisation

Technique de PNL (programmation neurolinguistique), la modélisation invite à s'inspirer d'un modèle positif existant pour progresser.

Mon défi positif du jour

Aujourd'hui, repérez comment les autres font preuve de créativité ou d'originalité !

Par exemple : votre collègue a osé un nouveau style, votre meilleure amie part en vacances dans un endroit incroyable, votre voisin vient de s'offrir une voiture d'une couleur flashy…

Ce que je retiens de bon de leur créativité :

Mot-clé n° I : ....

Mot-clé n° 2 : ....

Mot-clé n° 3 : ....

MARDI

Ma technique positive du jour

Le dream mapping

Un tableau de vision (*dream mapping*) est une création artistique qui peut rassembler des images, photos, dessins, mots ou affirmations de tout ce qui vous rend heureuse aujourd'hui et de tous les rêves et objectifs qui vous combleraient dans l'avenir.

Mon défi positif du jour

Aujourd'hui, réalisez votre tableau de vision !

Prenez une feuille blanche et quelques crayons de couleur ou des marqueurs, des stickers ou des photos… et laissez libre cours à votre imagination pour représenter votre avenir idéal ! Écrivez, dessinez, collez, customisez : soyez créative !

Ce que je retiens de bon de ma création :

Mot-clé n° I : ....

Mot-clé n° 2 : ....

Mot-clé n° 3 : ....

MERCREDI

Ma technique positive du jour

L'expérimentation

L'expérimentation c'est tester concrètement une idée ou un concept, et tirer de cette expérience ses propres conclusions, appuyées par ses observations et ressentis. En expérimentant de nouvelles choses, on découvre de nouvelles sensations, et on peut ainsi élargir petit à petit son éventail de sensations positives !

Mon défi positif du jour

Aujourd'hui, vivez une nouvelle expérience : changez une habitude, adoptez une attitude différente, amusez-vous à innover dans votre quotidien ! Exemples : en shopping, changez de boutique préférée ; en rentrant du travail, changez de trajet ; le midi, changez de lieu pour déjeuner ! Et pour les plus casse-cou : chez le coiffeur, changez totalement de coupe de cheveux ! N'y avez-vous jamais songé ?

Ce que je retiens de bon de mon expérimentation :

Mot-clé n° I : ....

Mot-clé n° 2 : ....

Mot-clé n° 3 : ....

JEUDI

Ma technique positive du jour

La vision alternative

La vision alternative consiste à considérer une situation sous plusieurs angles, et en particulier sous des angles qui permettent de la percevoir de façon beaucoup plus positive.

Mon défi positif du jour

Aujourd'hui, mettez-vous à la place de deux personnes ultra-positives de votre entourage : comment géreraient-elles la situation délicate dans laquelle vous vous trouvez actuellement ?

Ce que je retiens de bon de ma vision alternative :

Bonus : Si vous en avez la possibilité, posez-leur directement la question !

Mot-clé n° I : ....

Mot-clé n° 2 : ....

Mot-clé n° 3 : ....

VENDREDI

Ma technique positive du jour

La solution contraire

La technique de la solution contraire consiste à envisager tous les moyens de ne pas atteindre son but. À penser à l'envers, on stimule sa créativité pour avoir de nouvelles idées et, finalement, réussir !

Mon défi positif du jour

Aujourd'hui, listez au moins 5 choses à faire pour être sûre de ne jamais atteindre votre objectif de coaching (page 12) !

1 ....

2 ....

3 ....

4 ....

5 ....

Ce que je retiens de bon pour mon objectif positif :

Mot-clé n° 1 : .... Mot-clé n° 2 : .... Mot-clé n° 3 : ....

SAMEDI

Mon déclic positif de la semaine

Relisez votre objectif positif page 12, ainsi que vos 15 mots-clés de la semaine. Qu'est-ce que cela vous fait comprendre ? Quels déclics positifs retenez-vous de cette première semaine de coaching ?

....

....

....

....

....

DIMANCHE

BILAN

Vous avez aimé booster votre créativité ? Poursuivez avec les idées ci-dessous !

Ma check-list d'activités créatives & fun !

- ☐ Les cours d'impro ou de théâtre
- ☐ Faire du scrapbooking
- ☐ Faire un stage de magie ou de cirque
- ☐ Refaire toute ma déco avec des meubles en carton
- ☐ Réaliser une œuvre d'art (peinture, sculpture…)
- ☐ Organiser une soirée à thème

Vous pouvez être fière de vous !

Bravo ! Cette semaine vous avez réussi à sortir de votre zone de confort pour tester de nouvelles façons de penser et de nouvelles habitudes, renforçant ainsi jour après jour votre créativité intellectuelle ! En vous projetant dans votre avenir idéal, vous avez fait un pas de plus vers le positif, et vous devez déjà sentir une petite différence en vous ! Plus vous visualisez votre réussite, plus elle devient possible, n'est-ce pas ? Alors continuez dans cette direction !

Sortir de sa zone de confort ?

Si vous voulez que votre vie change, changez des choses dans votre vie… Même si cela nécessite de sortir de votre zone de confort ! Prenez exemple sur le bernard-l'ermite : il change de coquille, en prend une plus grande au fur et à mesure qu'il grandit. Le temps de transporter tous ses meubles dans sa nouvelle coquille, il traverse régulièrement des périodes de vulnérabilité. Celles-ci lui sont nécessaires pour passer d'une zone de confort à une autre, à chaque étape de son évolution. Sortez de votre coquille pour grandir ! Plus vous évoluerez rapidement, et plus vous vous épanouirez vite !

Semaine 2 : Je booste ma curiosité !

Même en dehors de l'école ou d'une formation, les occasions ne manquent pas d'apprendre au quotidien ! La curiosité c'est la faculté à s'intéresser à tout et à tout le monde, avec une belle ouverture d'esprit. Cette semaine, laissez-vous guider par ce talent naturel qui vous ouvrira les portes de la connaissance universelle et de l'ouverture à l'autre !

LUNDI

Ma technique positive du jour

La psychoanalyse de l'enfance
Technique inspirée de la psychanalyse, la psychoanalyse de l'enfance permet de s'appuyer sur les ressources présentes en nous depuis l'enfance. Ce que nous aimons apprendre aujourd'hui découle de ce que nous aimions apprendre enfant !

Mon défi positif du jour

Aujourd'hui, plongez dans votre enfance :
souvenez-vous de vos 3 matières préférées à l'école et pour quelles raisons vous les aimiez.

Ce que je retiens de bon à ce souvenir d'apprentissage :

Mot-clé n° 1 : ....

Mot-clé n° 2 : ....

Mot-clé n° 3 : ....

MARDI

Ma technique positive du jour

La curiosité
La curiosité est une belle qualité qui permet d'ouvrir son esprit à d'autres réalités que celles que nous connaissons. L'approche positive et l'intérêt sincère qui nous poussent vers l'autre facilitent et renforcent nos relations.

Mon défi positif du jour

Aujourd'hui, intéressez-vous sincèrement à toutes les personnes que vous rencontrez (en vrai, par téléphone, par SMS, par Internet) !
Posez-leur des questions sur leurs goûts, leurs rêves !

Ce que je ressens de bon en m'intéressant aux autres :

Mot-clé n° 1 : ....

Mot-clé n° 2 : ....

Mot-clé n° 3 : ....

MERCREDI

Ma technique positive du jour

Mon défi positif du jour

La recherche intuitive

Faire une recherche est une mine d'or pour toute personne curieuse. Effectuer une recherche intuitive d'informations, c'est à la fois se documenter mais aussi s'ouvrir au monde, en naviguant d'une information à une autre, d'une source à une autre, en se laissant guider par son instinct, sans forcément chercher à obtenir une réponse en particulier.

Aujourd'hui, faites une recherche sur Google pendant 15 minutes sur un sujet qui vous attire, que ce soit sur la vie d'une star qui vous fait craquer, la nouvelle tendance chaussures ou déco ! Surfez de site en site, d'informations en informations, et laissez-vous surprendre !

Ce que je retiens de bon de ma démarche de recherche intuitive :

Mot-clé n° 1 : .... Mot-clé n° 2 : .... Mot-clé n° 3 : ....

JEUDI

Ma technique positive du jour

Mon défi positif du jour

L'enquête

Mener une enquête, c'est chercher des informations précises sur un sujet, grâce à une liste de questions préétablies et de questions spontanées.

Aujourd'hui, menez un interrogatoire auprès d'une personne de votre choix, en préparant une liste de questions à lui poser sur un sujet qui vous passionne, comme la cuisine végétarienne, le yoga ou le scrapbooking !

Ce que je retiens de bon de ma démarche d'enquête :

Mot-clé n° 1 : .... Mot-clé n° 2 : .... Mot-clé n° 3 : ....

VENDREDI

Ma technique positive du jour

Mon défi positif du jour

La visualisation

La technique de visualisation consiste à créer des scénarios imaginaires dans notre tête, à imaginer des situations à venir et à en ressentir les émotions et les sensations comme si nous y étions !

Aujourd'hui, visualisez que vous avez atteint votre objectif de coaching (page 12) ! Que ce soit dans un mois, un an ou dix ans, imaginez-vous dans cet avenir de réussite. Laissez libre cours à votre imagination ! Dans cette vision d'avenir, qu'est-ce qui vous a permis d'en arriver là que vous ignorez encore dans la réalité présente ?

Ce que je retiens de bon de ma visualisation pour mon objectif :

Mot-clé n° 1 : ....

Mot-clé n° 2 : ....

Mot-clé n° 3 : ....

Pour vous sentir à l'aise dans cet exercice, installez-vous confortablement avant de commencer et fermez les yeux.

SAMEDI

Mon déclic positif de la semaine

Relisez votre objectif positif page 12, ainsi que vos 15 mots-clés de la semaine. Qu'est-ce que cela vous fait comprendre ? Quels déclics positifs retenez-vous de cette deuxième semaine de coaching ?

....

....

....

....

....

....

....

....

....

....

DIMANCHE

BILAN

Vous avez aimé booster votre curiosité ? Alors essayez les idées ci-dessous !

Ma check-list des choses marrantes à apprendre

- ☐ Apprendre une nouvelle langue : l'anglais, l'espagnol ou le chinois
- ☐ Apprendre à faire des cup-cakes ou des macarons
- ☐ Apprendre l'autohypnose positive
- ☐ Apprendre à prendre de belles photos, de beaux portraits
- ☐ Apprendre la capoeira, le tango ou le swing
- ☐ Apprendre à coudre, à créer des vêtements
- ☐ Apprendre à être heureuse

Vous pouvez être fière de vous !

Bravo ! Cette semaine, vous avez réussi à vous ouvrir au monde, aux autres, à répondre à votre besoin d'apprendre et à votre curiosité de façon simple et créative ! Vous savez maintenant que vous êtes la principale actrice de votre évolution, et que vous pouvez trouver de l'inspiration et des ressources pour réussir, aussi bien dans vos souvenirs d'enfance que dans une visualisation d'avenir ! Cette semaine, vous avez découvert différentes façons de stimuler votre état d'esprit positif et gagnant !

Un état d'esprit positif et gagnant !

Un état d'esprit positif et gagnant est un véritable atout pour atteindre vos objectifs. Plusieurs ressources peuvent vous être utiles pour booster votre état d'esprit :

- Des *ressources internes* (courage, motivation, détermination) ou *externes* (entraide, collaboration, soutien…) ;
- Des *ressources du passé* (vous appuyer sur vos réussites passées), *du présent* (vous appuyer sur les conditions favorables actuelles) ou *du futur* (vous appuyer sur votre vision positive de l'avenir) ;
- Des *ressources motivationnelles* (pourquoi vous voulez atteindre cet objectif), *émotionnelles* (ce que vous ressentirez à atteindre cet objectif) ou *relationnelles* (ce que vous y gagnerez dans vos relations).

Semaine 3 : Je booste ma sagesse !

La sagesse c'est la capacité à respecter une éthique, des règles, à prendre du recul sur les choses et sur la vie, à s'appuyer sur son expérience et sa maturité pour apporter un regard plein de bon sens sur le monde. Elle est aussi associée à la pleine conscience de ce qui est bon et juste, et rime souvent avec calme, modération, bienveillance et prudence. Cette semaine, laissez-vous guider par votre sagesse !

LUNDI

Ma technique positive du jour

La Mindfulness

La *Mindfulness* (pleine conscience) consiste à porter volontairement notre attention, et donc notre conscience, en toute bienveillance et sans jugement, sur tout ce que nous faisons, tout ce que nous vivons dans le moment présent, ainsi que sur ce que cela provoque en nous au niveau du corps, du cœur et de l'esprit.

Mon défi positif du jour

Aujourd'hui, prenez au moins 30 minutes pour profiter en pleine conscience de chaque bouchée de votre repas !

Prenez le temps de savourer chacun de vos plats à l'aide de vos 5 sens. La présentation de votre entrée vous met-elle en appétit ? Son odeur vous fait-elle saliver ? Quel bruit entendez-vous en coupant ou en croquant dans tel aliment ? Appréciez-vous la saveur de votre plat principal ? La texture de ses différents aliments ? Est-ce assez cuit pour vous ? À bonne température ? Avez-vous encore réellement faim pour un dessert ou vous sentez-vous rassasiée ? Soyez à l'écoute de vous-même, de vos pensées, de vos sensations et de vos émotions avant même de vous mettre à table et jusqu'à la dernière bouchée !

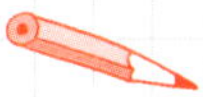

Ce que je retiens de bon de cette expérience de pleine conscience :

Mot-clé n° 1 : ....

Mot-clé n° 2 : ....

Mot-clé n° 3 : ....

MARDI

Ma technique positive du jour

Mon défi positif du jour

La psychogénéalogie

La psychogénéalogie positive, c'est l'analyse des pensées, émotions, valeurs et comportements de notre famille, afin d'en faire émerger les caractéristiques positives qui peuvent nous aider dans notre vie.

Aujourd'hui, élaborez un arbre généalogique positif de votre famille !

N'hésitez pas à demander de l'aide à des membres de votre famille ! Puis, prenez du recul, et identifiez les 3 personnes qui ont, selon vous, le plus réussi leur vie. Qu'est-ce qui leur a permis une telle réussite ? Sur quelles forces naturelles ont-elles pu s'appuyer pour y parvenir ? Ne posséderiez-vous pas vous aussi ces forces ?

Personne 1 : .... Facteurs de sa réussite : ....

Personne 2 : .... Facteurs de sa réussite: ....

Personne 3 : .... Facteurs de sa réussite : ....

Ce que je retiens de bon de mon analyse psychogénéalogique :

Mot-clé n° 1 : ....

Mot-clé n° 2 : ....

Mot-clé n° 3 : ....

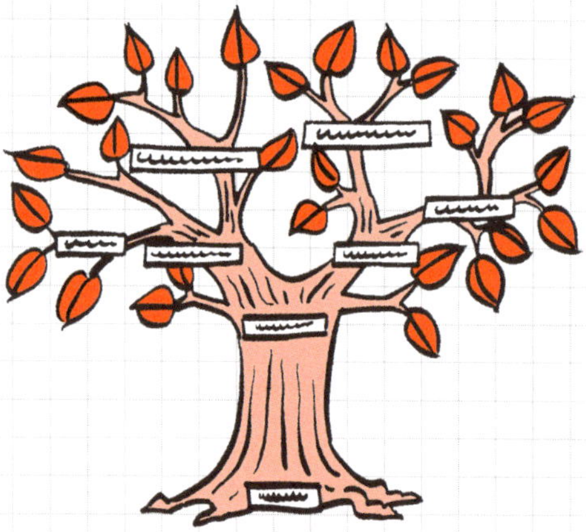

MERCREDI

Ma technique positive du jour

Mon défi positif du jour

Le journal Intime

Le journal intime se décline aujourd'hui en application ou en logiciel, pour clarifier ses pensées et libérer son esprit en toute confidentialité, directement à partir de son ordinateur ou de son Smartphone. Il s'agit de mettre par écrit nos actions, nos réflexions ou nos sentiments de façon régulière ou intermittente.

Aujourd'hui, notez tout ce que vous aurez pensé, vécu ou ressenti pendant la journée : ce que vous avez aimé ou non, ce qui vous a procuré du plaisir, de la joie, de la gratitude, mais aussi ce qui vous a attristée, mise en colère, en toute honnêteté avec vous-même !

Ce que je retiens de bon de cette expérience :

Mot-clé n° 1 : .... Mot-clé n° 2 : .... Mot-clé n° 3 : ....

JEUDI

Ma technique positive du jour

Mon défi positif du jour

Le yoga

Le yoga vise, par la méditation, la philosophie et les exercices corporels, à unifier le physique, le psychique et le spirituel. Le yoga repose avant tout sur la maîtrise de la respiration, qui permet de retrouver à tout moment le calme intérieur.

Aujourd'hui, testez un exercice de respiration classique du yoga : la respiration carrée !

Installez-vous confortablement et inspirez tranquillement en 4 temps, puis retenez votre respiration 4 temps, avant d'expirer doucement en 4 temps pour enfin retenir à vide sur à nouveau 4 temps. Renouvelez cette respiration à votre rythme sur une période de 10 à 20 minutes.

Les effets bénéfiques que je retiens de cet exercice :

Mot-clé n° 1 : ....

Mot-clé n° 2 : ....

Mot-clé n° 3 : ....

VENDREDI

Ma technique positive du jour

Mon défi positif du jour

L'ancrage

C'est une technique de PNL (programmation neurolinguistique) qui consiste à associer un geste, un mot ou un objet à une émotion donnée.
Par exemple : l'amour que l'on ancre dans notre alliance le jour de notre mariage, ou le courage que l'on ancre dans une phrase à se répéter avant chaque nouvelle épreuve !

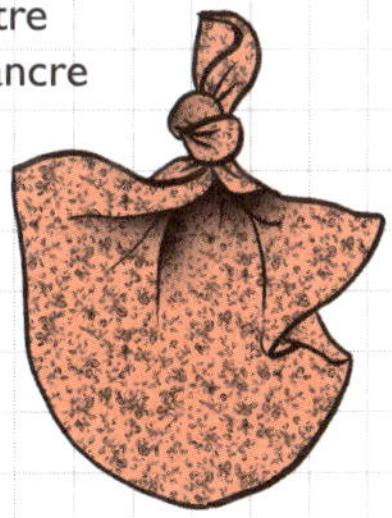

Aujourd'hui, ancrez dans un objet au choix (un galet, un bijou, un doudou…) la force de la sagesse !

Pour cela, tenez votre objet entre vos mains, installez-vous confortablement et pensez à une personne qui incarne la sagesse selon vous. Visualisez cette personne, rappelez-vous le son de sa voix, ses paroles, ses gestes, son attitude. Et imaginez que vous intégrez toute sa sagesse dans cet objet. Comme un talisman, imaginez que cet objet a le pouvoir de vous transmettre tout son pouvoir. Lorsque vous en ressentirez le besoin, il vous suffira de prendre, voire simplement penser à cet objet pour vous reconnecter automatiquement à cette sagesse.

Ce que je retiens de bon de cette expérience d'ancrage positif :

Mot-clé n° 1 : ....

Mot-clé n° 2 : ....

Mot-clé n° 3 : ....

SAMEDI

Mon déclic positif de la semaine

Relisez votre objectif positif page 12, ainsi que vos 15 mots-clés de la semaine. Qu'est-ce que cela vous fait comprendre ? Quels déclics positifs retenez-vous de cette dernière semaine de coaching ?

....

....

....

....

....

DIMANCHE

BILAN

Vous avez aimé booster votre sagesse ? Alors essayez les idées ci-dessous !

Ma check-list de maître Yoda

- ☐ Faire une séance de méditation de pleine conscience chaque matin
- ☐ Lire au moins un livre par mois
- ☐ Faire un week-end de retraite spirituelle
- ☐ Découvrir un art martial : taekwondo, aïkido ou tai-chi
- ☐ Visiter des temples en Inde et en Asie

Vous pouvez être fière de vous !

Bravo ! Cette semaine vous avez réussi à bien ancrer en vous le positif que vous recherchiez ! Que ce soit dans votre corps, par le yoga ou la *mindfulness*, ou que ce soit émotionnellement par l'intermédiaire d'un objet, d'un arbre généalogique ou d'un journal intime, cette semaine vous avez compris que l'intégration intellectuelle ne suffisait pas, et que plus l'ancrage positif est complet et profond, plus il est efficace !

Un ancrage positif ?

L'ancrage décrit l'association d'une émotion/sensation et d'un objet, un lieu, un geste, une couleur… que l'on appelle un « stimulus ».

Un ancrage peut se faire **naturellement** (un parfum vous affole en vous rappelant votre amoureux…) ou **volontairement** (vous portez votre jean fétiche lors de votre entretien d'embauche pour vous porter chance, vous vous sentez automatiquement en mode winneuse).

Un ancrage peut être **positif** (cette couleur vous fait du bien) ou **négatif** (dès que vous entrez dans ce lieu, vous vous sentez triste).

Un ancrage peut être **olfactif** (une odeur), **visuel** (la vue d'un paysage), **gustatif** (le goût d'un aliment), **kinesthésique** (un geste précis) ou **auditif** (une musique), mais aussi **relationnel** (votre relation avec votre patron) ou **intellectuel** (un simple mot).

Plus vous vous entourez d'ancrages positifs, plus votre vie sera agréable au quotidien !

Vous voilà au bout de ces 3 semaines de coaching.
Rendez-vous vite page 83 pour évaluer vos progrès !

Coaching positif n° 2 : Révélez l'agisseuse positive qui est en vous !

Vos réponses au test des forces naturelles vous ont orientée vers le coaching positif n° 2 ! Vous allez pouvoir renforcer votre détermination au service de votre positivisme ! Durant les 3 semaines à venir, vous allez développer encore plus votre courage, votre persévérance, votre intégrité, votre honnêteté, mais aussi votre joie de vivre et votre enthousiasme ! À l'aide de techniques comme la sophrologie dynamique, le coaching en image ou la musicothérapie, laissez-vous guider jour après jour vers une vie plus riche en actions positives !

Semaine 1 : Je booste mon audace !

L'audace c'est le talent d'atteindre courageusement ou de façon innovante le but que l'on s'est fixé, et ce malgré les risques prévisibles, les obstacles inattendus ou les peurs. Cette semaine, surpassez-vous et soyez audacieuse !

LUNDI

Ma technique positive du jour

La visualisation positive

La visualisation positive est une technique qui invite à se détendre et à laisser libre cours à l'imagination pour visualiser une situation à venir dans une version positive, voire idéale.

Mon défi positif du jour

Aujourd'hui, installez-vous confortablement dans votre magnifique fauteuil en rotin et imaginez une journée spéciale… votre super-fête d'anniversaire de 80 ans ! Vous êtes belle et comblée de bonheur. À ce moment-là, rappelez-vous les 3 décisions positives et audacieuses que vous avez prises dans votre vie et qui vous ont permis d'arriver à un tel bonheur, à une telle réussite professionnelle et personnelle.

Les actions audacieuses à mettre en œuvre d'après cette visualisation :

Mot-clé n° 1 : ....

Mot-clé n° 2 : ....

Mot-clé n° 3 : ....

MARDI

Ma technique positive du jour

Mon défi positif du jour

La technique de l'entonnoir

La technique de l'entonnoir, ou technique du 10/3/1, invite une personne à organiser ses pensées en fonction de ses priorités, afin de lui faciliter le processus de décision. L'esprit libéré, les pensées en vrac laissent place aux belles idées positives !

Aujourd'hui, décidez de mettre en œuvre l'une des 3 actions positives audacieuses découvertes hier !

Pour cela, relisez les 3 actions et soyez à l'écoute de votre instinct. Laquelle vous fait le plus vibrer et vous donne des ailes ? Laquelle vous donne le plus envie de passer à l'action ? Ne réfléchissez pas trop, apprenez à écouter votre première intuition !

Ma décision positive à prendre : ....

Ce que je ressens de bon de cette décision :

Mot-clé n° 1 : ....   Mot-clé n° 2 : ....   Mot-clé n° 3 : ....

MERCREDI

Ma technique positive du jour

Mon défi positif du jour

La sophrologie dynamique

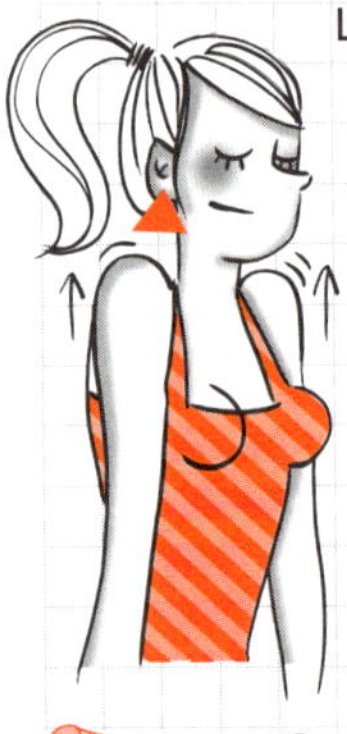

La sophrologie dynamique active de façon harmonieuse le corps et l'esprit et permet de chasser peurs, stress, angoisses et tensions.

Aujourd'hui, faites le plein d'énergie dans votre corps pour vous conditionner à vivre une journée positive et… audacieuse !

Pour cela, mettez-vous debout, les bras le long du corps, la tête bien dans l'axe de la colonne vertébrale, les épaules relâchées. Prenez une profonde respiration et répétez-vous trois fois la phrase : « Je suis audacieuse ! » Bloquez votre respiration et effectuez simultanément un mouvement de va-et-vient des épaules, de haut en bas, 5 à 7 fois. Puis relâchez en expirant fortement d'un coup. Répétez cet exercice deux ou trois fois selon votre besoin d'énergie. Vous allez être gonflée à bloc !

Ce que je ressens de bon de ma séance de sophrologie dynamique :

Mot-clé n° 1 : ....   Mot-clé n° 2 : ....   Mot-clé n° 3 : ....

JEUDI

Ma technique positive du jour

Mon défi positif du jour

La méthode des 5 P

La méthode du plus petit pas positif possible (5 P) invite à découper une tâche en tout petits pas afin que le premier soit le plus facile et agréable possible et qu'il enclenche l'action positive en direction de l'objectif visé.

Aujourd'hui, planifiez le tout premier petit pas du plan d'action audacieux décidé mardi que vous désirez mettre en œuvre !

Quelle est la première petite action que vous pouvez réaliser aujourd'hui même pour enclencher la dynamique ? Faites-le !

Mon premier petit pas positif possible : ....

Ce que je retiens de bon de mon acte audacieux :

Mot-clé n° 1 : ....

Mot-clé n° 2 : ....

Mot-clé n° 3 : ....

VENDREDI

Ma technique positive du jour

Mon défi positif du jour

L'engagement positif

Cela consiste à officialiser un engagement vis-à-vis de soi-même afin de valider et d'ancrer profondément une décision.

Ce que je retiens de bon pour mon objectif positif :

Mot-clé n° 1 : ....

Mot-clé n° 2 : ....

Mot-clé n° 3 : ....

Aujourd'hui, rédigez votre lettre d'engagement à être audacieuse !

Ma lettre d'engagement positif

En ce jour du (date) ....,
moi, (nom prénom) ....,
je m'engage à poursuivre petit pas par petit pas des actions afin de réaliser (mon engagement audacieux positif) ....
avant le (date butoir) ....

Fait à ....,
Signature

SAMEDI

Mon déclic positif de la semaine

Relisez votre objectif positif page 12, ainsi que vos 15 mots-clés de la semaine. Qu'est-ce que cela vous fait comprendre ? Quels déclics positifs retenez-vous de cette première semaine de coaching ?

....

....

....

....

DIMANCHE

BILAN

Vous avez aimé booster votre audace ? Alors essayez les idées ci-dessous !

Ma check-list des petites folies positives

- ☐ Oser prendre la parole en public sur une scène
- ☐ Oser faire une déclaration d'amour en public
- ☐ Oser m'acheter un billet d'avion pour une destination de rêve
- ☐ Oser chanter sur scène dans une soirée karaoké
- ☐ Oser la bronzette sur une plage naturiste
- ☐ Oser marcher en pleine rue comme un top model
- ☐ Oser m'acheter des Louboutin® hors de prix pour me faire plaisir
- ☐ Oser danser librement sur la piste à un mariage
- ☐ Oser demander un autographe à un artiste à la fin d'un concert (… et même réclamer un petit bisou : qui ne tente rien n'a rien !)
- ☐ Oser poser pour mon amie photographe ou peintre

Vous pouvez être fière de vous !

Bravo ! Cette semaine vous avez réussi à vous surpasser en prenant au moins une grande décision positive pour votre avenir et en passant à l'action immédiatement par un premier petit pas ! Petit à petit, l'oiseau fait son nid, et un jour il est prêt à prendre son envol positif ! Alors, continuez à avancer, petit pas par petit pas ; le prochain est peut-être celui de votre bonheur !

La méthode kaizen : un pas après l'autre pour positiver !

La méthode kaizen préconise une avancée « à petits pas » vers l'amélioration, un changement mineur permettant d'atteindre des objectifs majeurs, apprivoisant progressivement la peur du changement qui bloque souvent la créativité et le succès. Le défi kaizen est de mettre en place au quotidien une recherche continue de l'amélioration, petit pas par petit pas.

Application individuelle du kaizen en 6 stratégies

1. Poser de petites questions pour cerner le problème.
2. Penser de petites idées afin de faire émerger de grandes idées.
3. Entreprendre des petites actions qui garantissent le succès des grandes actions.
4. Résoudre des petits problèmes, même face à une crise majeure.
5. Accorder des petites gratifications même si le résultat n'est pas garanti.
6. Reconnaître les petits moments positifs, petits mais cruciaux.

Semaine 2 : Je booste mon authenticité !

L'authenticité c'est parvenir à rester 100 % soi-même en toutes circonstances, totalement naturelle, honnête et intègre. Cette semaine, laissez-vous porter par ce talent naturel qui vous ouvrira les portes de la légèreté et de la liberté… forcément d'une vie plus simple, plus saine et donc plus positive !

LUNDI

Ma technique positive du jour

L'honnêteté

L'honnêteté consiste non seulement à ne pas mentir ou tricher, mais également à respecter les lois, les vertus et autres morales.

Mon défi positif du jour

Aujourd'hui, soyez 100 % honnête, sincère et authentique dans toutes vos relations, à chaque instant, de la première à la dernière minute de votre journée !

Ce que je retiens de bon de cette journée d'honnêteté :

Mot-clé n° 1 : ....

Mot-clé n° 2 : ....

Mot-clé n° 3 : ....

MARDI

Ma technique positive du jour

Le coaching en image

Le coaching en image permet d'harmoniser son apparence avec sa véritable personnalité, à l'aide d'outils de relooking mais aussi de coaching positif.

Mon défi positif du jour

Aujourd'hui, choisissez les vêtements, les accessoires, bijoux, coiffure et maquillage qui vous semblent le plus en harmonie avec celle que vous êtes profondément en ce moment !

Ce que je gagne à dévoiler qui je suis réellement :

Mot-clé n° 1 : ....

Mot-clé n° 2 : ....

Mot-clé n° 3 : ....

Astuce : Tenez compte de votre humeur du jour et de ce que vous souhaitez que les autres retiennent de vous aujourd'hui !

MERCREDI

Ma technique positive du jour

Le jeu de la vérité

Le jeu de la vérité est dérivé du célèbre « Action ou vérité » de notre adolescence. Le principe est simple : à plusieurs, chacun son tour, un joueur pose une question personnelle à un autre qui n'a d'autre choix que de répondre sincèrement.

Mon défi positif du jour

Aujourd'hui, faites une partie du jeu de la vérité avec vos amis !

Convenez éventuellement d'un nombre de jokers et invitez vos amis à profiter de ce moment de plaisir, de rire et de partage, qui renforcera votre complicité.

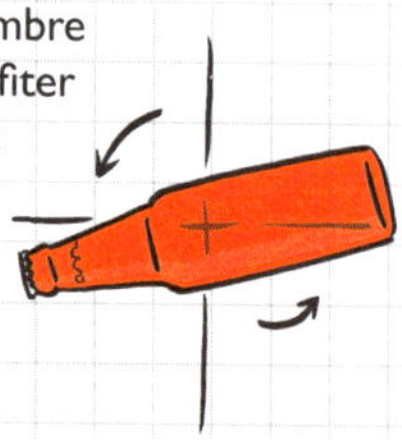

Ce que je retiens de bon de cette partie de jeu de la vérité :

Mot-clé n° 1 : .... Mot-clé n° 2 : .... Mot-clé n° 3 : ....

JEUDI

Ma technique positive du jour

L'échelle de la sincérité

L'échelle de la sincérité est un simple test d'autoévaluation qui permet d'identifier par soi-même son niveau subjectif de sincérité.

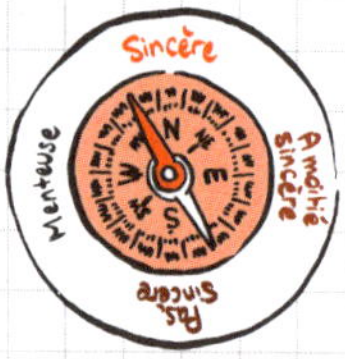

Ce que je retiens de bon de mon autoévaluation :

Mot-clé n° 1 : ....

Mot-clé n° 2 : ....

Mot-clé n° 3 : ....

Mon défi positif du jour

Aujourd'hui, évaluez votre niveau de sincérité vis-à-vis des 5 personnes que vous côtoyez le plus !

Personne 1 :

1 2 3 4 5 6 7 8 9 10

Personne 2 :

1 2 3 4 5 6 7 8 9 10

Personne 3 :

1 2 3 4 5 6 7 8 9 10

Personne 4 :

1 2 3 4 5 6 7 8 9 10

Personne 5 :

1 2 3 4 5 6 7 8 9 10

VENDREDI

Ma technique positive du jour

La contagion positive

Cela consiste à s'entourer au maximum de personnes qui possèdent, selon nous, les qualités, les forces, les talents, le positif que nous aimerions personnellement renforcer, afin d'être contaminés naturellement par le principe d'immersion.

Mon défi positif du jour

Aujourd'hui, passez le plus de temps possible auprès des personnes les plus authentiques, les plus vraies, les plus sincères de votre entourage ! Vous allez sans doute découvrir que l'authenticité rime souvent avec plaisir et simplicité. Vous allez passer une chouette journée !

Ce que je retiens de bon de cette contagion positive :

Mot-clé n° 1 : ....

Mot-clé n° 2 : ....

Mot-clé n° 3 : ....

SAMEDI

Mon déclic positif de la semaine

Relisez votre objectif positif page 12, ainsi que vos 15 mots-clés de la semaine. Qu'est-ce que cela vous fait comprendre ? Quels déclics positifs retenez-vous de cette deuxième semaine de coaching ?

....

....

....

....

DIMANCHE

BILAN

Vous avez aimé booster votre authenticité ? Alors essayez les idées ci-dessous !

Ma check-list 100 % moi-même

- ☐ Partager une photo 100 % naturelle de moi sur les réseaux sociaux
- ☐ Faire une sortie shopping et n'acheter que ce qui me ressemble et me fait 100 % plaisir
- ☐ Écrire une lettre à ma meilleure amie pour lui exprimer à 100 % ce que je ressens pour elle
- ☐ Refaire la déco de ma chambre pour qu'elle me ressemble à 100 %

Vous pouvez être fière de vous !

Bravo ! Cette semaine vous avez réussi à dévoiler sincèrement la belle personne que vous êtes ! Vous avez pu constater que l'authenticité et l'honnêteté favorisent des situations et des relations claires et simples et qu'il ne tient qu'à vous de vous entourer de personnes sincères pour en ressentir encore plus les bienfaits au quotidien ! Entretenez vos relations positives, elles se démultiplieront !

Une relation positive avec les autres ?

Entretenir une relation positive avec les autres, c'est veiller à garder un lien privilégié, sincère, simple et agréable avec chaque personne qui compte pour vous et en prendre soin dans la durée.

7 clés pour prendre soin de votre relation avec les autres

- Chaque jour, choisissez une personne à qui faire un compliment sincère.
- Osez exprimer votre ressenti, même s'il n'est pas positif, à une personne que vous aimez, en lui rappelant que vous l'aimez toujours.
- Accueillez avec bienveillance les ressentis de l'autre, même s'ils ne sont pas positifs, en vous rappelant qu'il vous aime toujours.
- Soyez à l'écoute de vos besoins et de vos attentes vis-à-vis de chaque personne qui compte pour vous et osez les lui exprimer.
- Soyez à l'écoute des besoins et des attentes des personnes qui comptent pour vous, accueillez-les avec bienveillance et faites au mieux pour y répondre ou pour les réajuster si nécessaire.
- Écrivez une lettre de gratitude aux personnes que vous aimez.
- Envoyez de temps en temps un message ou une carte postale sans raison, juste pour faire un petit coucou aux personnes que vous aimez.

Semaine 3 : Je booste mon enthousiasme !

L'enthousiasme est la capacité à s'émerveiller, avec joie et excitation, admiration et passion, pour un projet, une situation, un paysage, une œuvre d'art ou même une personne. Cette semaine, laissez-vous inspirer et porter par votre enthousiasme !

LUNDI

Ma technique positive du jour

L'analyse transactionnelle

L'analyse transactionnelle est une technique d'analyse de la personnalité et de la communication reposant principalement sur les différents « états du "Moi" » : notre état de « parent », notre état d'« adulte » et notre état d'« enfant ».

Mon défi positif du jour

Aujourd'hui, reconnectez-vous à votre enfant intérieur pour profiter pleinement de cette journée !

Promenez son regard enthousiaste et émerveillé sur le monde ! Laissez-vous guider par vos pensées et vos comportements les plus spontanés, vos émotions les plus vives. Jouez la midinette sans complexes !

Les bonnes émotions que je retiens de cette journée enfantine :

Mot-clé n° 1 : ....

Mot-clé n° 2 : ....

Mot-clé n° 3 : ....

MARDI

Ma technique positive du jour

La musicothérapie

La musicothérapie utilise les propriétés de la musique et des sons pour rétablir, maintenir ou améliorer sa sociabilité, son bien-être physique ou mental.

Mon défi positif du jour

Aujourd'hui, toutes les 2 heures au maximum, écoutez des musiques qui vous donnent du peps !

Que ce soit chez vous, dans les transports en commun, en voiture, au travail ou ailleurs, boostez-vous grâce à ces chansons. Que vous soyez plutôt Pharrell Williams ou Lilly Wood & the Prick : des sons qui vous donnent la pêche !

Ce que je retiens de bon de cette expérience de musicothérapie :

Mot-clé n° 1 : ....

Mot-clé n° 2 : ....

Mot-clé n° 3 : ....

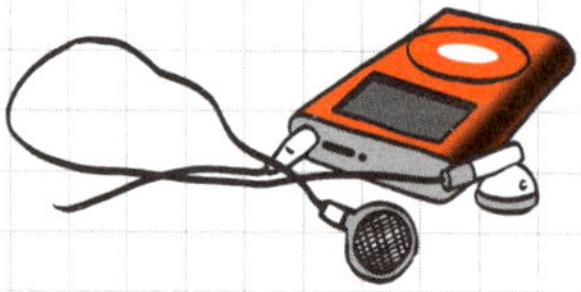

MERCREDI

Ma technique positive du jour

Le rêve éveillé

La technique du rêve éveillé consiste à décrire de façon tout à fait réaliste tous les détails d'un projet qui nous tient particulièrement à cœur, comme si l'on décrivait une scène qui se déroule sous nos yeux.

Mon défi positif du jour

Aujourd'hui, rien que par la force de conviction de votre enthousiasme, motivez une personne de votre choix à réaliser le rêve éveillé qu'elle vous aura décrit !

Ce que je retiens de bon de cette expérience :

Mot-clé n° 1 : ....

Mot-clé n° 2 : ....

Mot-clé n° 3 : ....

Astuce : Posez-lui de nombreuses questions, émerveillez-vous en l'écoutant, comme si ce qu'elle vous décrivait était réel. Aidez-la à se passionner encore plus pour son projet rien qu'en l'écoutant, en réagissant à son récit.

JEUDI

Ma technique positive du jour

Le photolangage

Le photolangage est une technique de coaching qui nous invite à exprimer notre inconscient en étudiant nos associations de photos. Nous projetons toujours une partie de nous sur les images.

Mon défi positif du jour

Aujourd'hui, faites une comparaison physionomique sur photo du visage de 5 personnes personnifiant l'enthousiasme selon vous !

Ce que je retiens de bon du photolangage :

Mot-clé n° 1 : ....

Mot-clé n° 2 : ....

Mot-clé n° 3 : ....

Astuce : Choisissez des hommes ou des femmes, des enfants ou des personnes âgées, seules ou en groupe. Vous leur avez trouvé des traits communs avec vous ? Dingue, non ?

VENDREDI

Ma technique positive du jour

L'activité physique

L'activité physique ne se réduit pas au sport. Cela correspond à l'ensemble des activités qui mettent notre corps en mouvement : du running à la zumba, en passant par le jardinage, le ménage ou faire l'amour.

Mon défi positif du jour

Aujourd'hui, éclatez-vous en bougeant votre corps !

Astuce : Pour rendre la séance encore plus fun, enfilez votre tenue la plus stylée de sportive, montez le volume de la musique ou proposez à des copines de vous rejoindre !

Ce que je retiens de bon de cette séance d'activité physique :

Mot-clé n° 1 : ....

Mot-clé n° 2 : ....

Mot-clé n° 3 : ....

SAMEDI

Mon déclic positif de la semaine

Relisez votre objectif positif page 12, ainsi que vos 15 mots-clés de la semaine. Qu'est-ce que cela vous fait comprendre ? Quels déclics positifs retenez-vous de cette dernière semaine de coaching ?

....

....

DIMANCHE

BILAN

Vous avez aimé booster votre authenticité ? Alors, essayez les idées ci-dessous !

Ma check-list pour profiter à 300 % !

- ☐ Aller danser au carnaval de Rio
- ☐ Nager nue dans un lagon bleu
- ☐ Conduire une voiture de luxe
- ☐ Me faire tatouer « carpe diem » sur le bras
- ☐ Aller nager avec les dauphins

Vous pouvez être fière de vous !

Bravo ! Cette semaine vous avez réussi à booster votre côté pétillant et vous avez ressenti tout le potentiel d'énergie que vous détenez déjà et qui ne demande qu'à s'exprimer toujours plus chaque jour. Avez-vous remarqué comme votre corps démultiplie son peps dès que vous le mettez dans les conditions les plus favorables avec de la musique enthousiasmante, dans une tenue stimulante ou même simplement en vous concentrant sur vos plus beaux rêves de vie ? C'est génial de se sentir aussi vivante !

La force physique positive ?
Une bonne préparation physique positive est aussi un atout essentiel pour atteindre vos objectifs.

Plusieurs conditions vont favoriser votre force physique positive :

- Une alimentation saine et équilibrée
- Un sommeil régulier et réparateur
- Des temps de relaxation/méditation/*mindfulness*
- Un minimum d'activité physique chaque jour
- Des massages relaxants/énergétiques/dynamisants
- Une hygiène de vie saine : sevrage des addictions toxiques, détox…
- Un environnement sain, le plus naturel possible

Prendre soin de votre corps, c'est prendre soin de votre vie !

Vous voilà au bout de ces 3 semaines de coaching. Rendez-vous vite page 83 pour évaluer vos progrès !

Coaching positif n° 3 : Révélez l'émotionnelle positive qui est en vous !

Vos réponses au test des forces naturelles vous ont orientée vers le coaching positif n° 3 ! Vous allez pouvoir renforcer vos émotions au service de votre positivisme ! Durant les 3 semaines à venir, vous allez développer encore plus votre capacité d'aimer et d'être aimée, votre gentillesse et votre générosité, et plus globalement vos plus belles émotions positives ! À l'aide de techniques comme la gestalt-thérapie, la communication non violente (CNV) ou le focus positif, laissez-vous guider jour après jour vers une vie plus riche en émotions positives !

Semaine 1 : Je booste mon amour de la vie !

La capacité d'aimer et d'être aimé, c'est le talent de faire attention aux autres autant qu'à soi-même. C'est entretenir des relations de belle qualité, en veillant à se sentir entouré de personnes qu'on aime et qui nous aiment tout autant en retour. Cette semaine, ouvrez votre cœur à l'amour au sens large : l'amour de soi, l'amour des autres, l'amour de la vie !

LUNDI

Ma technique positive du jour

Le baromètre de l'amour

Cela permet de mesurer son niveau actuel d'amour pour une personne.

Mon défi positif du jour

Aujourd'hui, évaluez combien vous aimez les gens de façon générale !

Baromètre de l'amour actuel :

1 2 3 4 5 6 7 8 9 10

Cela vous convient-il ? Si non, à quel niveau aimeriez-vous vous situer ?

1 2 3 4 5 6 7 8 9 10

Ce que je retiens de bon de cette autoévaluation :

Mot-clé n° 1 : ....

Mot-clé n° 2 : ....

Mot-clé n° 3 : ....

MARDI

Ma technique positive du jour

L'art-thérapie

L'art-thérapie est une forme de thérapie qui utilise toutes les techniques artistiques et créatives au service du bien-être.

Mon défi positif du jour

Aujourd'hui, dessinez vos relations d'amour et d'amitié !

Choisissez 3 personnes qui vous aiment sincèrement et que vous aimez. Écrivez leur nom sur une feuille et écrivez autour tous les termes positifs qui vous viennent. Ajoutez-y des formes, des couleurs. Collez des photos d'elles, des images de magazines qui vous inspirent ou bien dessinez. Inscrivez des mots, collez des brillants… customisez !

Ce que je retiens de bon de la réalisation de mon œuvre :

Mot-clé n° 1 : .... Mot-clé n° 2 : .... Mot-clé n° 3 : ....

MERCREDI

Ma technique positive du jour

La gestalt-thérapie

La gestalt-thérapie est une forme de thérapie qui s'appuie sur la mise en relation du corps avec le cœur et l'esprit de l'individu avec les autres et l'environnement.

Mon défi positif du jour

Aujourd'hui, redécorez votre salon avant d'inviter vos amis à dîner !

L'objectif ? Créer une atmosphère en adéquation avec le sentiment de détente et de confiance que vous ressentez en leur présence. Changez votre déco, préparez une belle table avec chemin de table, éléments de décoration, etc. Pensez à mettre aussi de l'encens ou une bougie parfumée, de la musique adaptée, bref, une ambiance qui les comblera.

Ce que je retiens de bon de ma préparation environnementale :

Mot-clé n° 1 : .... Mot-clé n° 2 : .... Mot-clé n° 3 : ....

JEUDI

Ma technique positive du jour

Mon défi positif du jour

L'analyse systémique

L'analyse systémique est une technique d'analyse des relations interpersonnelles représentées sous forme de système. Cette technique analyse la dynamique des liens, illustre les sentiments des uns envers les autres, des liens qui se croisent et qui évoluent en permanence.

Aujourd'hui, décryptez vos relations avec les personnes que vous aimez en les représentant sous forme de système !

Écrivez leur nom sur des Post-it que vous organiserez autour de votre propre nom. Positionnez-les en fonction de vos relations. Puis ajoutez des flèches : une flèche partant d'une personne vers une autre qu'elle aime selon vous, d'épaisseur proportionnelle à l'intensité de cet amour. Certaines flèches vont être à double sens, d'autres non. Vous aurez ainsi la représentation systémique des personnes les plus importantes de votre vie. Que voyez-vous se dessiner ? Qu'en déduisez-vous ?

Ce que je retiens de bon de cette analyse systémique :

Mot-clé n° 1 : ....

Mot-clé n° 2 : ....

Mot-clé n° 3 : ....

VENDREDI

Ma technique positive du jour

Mon défi positif du jour

La technique des confidences

La technique des confidences, c'est tout simplement écouter de façon bienveillante, sans juger, et en gardant pour soi tout ce qu'on aura pu entendre.

Aujourd'hui, proposez à plusieurs personnes de votre entourage de se confier à vous !

Ce que je retiens de bon de cet exercice :

Mot-clé n° 1 : ....

Mot-clé n° 2 : ....

Mot-clé n° 3 : ....

Astuce : Le nombre de personnes qui seront à l'aise pour se confier à vous prouvera le nombre de relations d'amour sincère que vous entretenez. Si vous arrivez à 5, vous avez la chance d'être bien entourée !

SAMEDI

Mon déclic positif de la semaine

Relisez votre objectif positif page 12, ainsi que vos 15 mots-clés de la semaine. Qu'est-ce que cela vous fait comprendre ? Quels déclics positifs retenez-vous de cette première semaine de coaching ?

....

....

....

....

....

....

DIMANCHE

BILAN

Vous avez aimé booster votre amour de la vie ? Alors essayez les idées ci-dessous !

Ma check-list 100 % en mode love

- ☐ Recevoir un baiser d'amoureux en haut de la tour Eiffel
- ☐ Participer à un Free Hugs en pleine ville
- ☐ Réaliser un album photo de toutes les personnes que j'aime
- ☐ Faire une balade en amoureux sur une gondole à Venise
- ☐ Offrir le nom d'une étoile à ma meilleure amie
- ☐ Ouvrir les bras sur la mer à la proue d'un bateau, enlacée par mon amoureux, comme dans *Titanic*
- ☐ Organiser une soirée en l'honneur de toutes les personnes que j'aime

Vous pouvez être fière de vous !

Bravo ! Cette semaine vous avez réussi à vous connecter encore plus profondément avec les personnes que vous aimez. Vous savez maintenant dans quelles conditions cette connexion est favorisée et vous sentez grandir en vous votre amour des êtres humains, cet amour en particulier de vos proches, cet amour qui se démultiplie à mesure que vous en prenez conscience. Plus vous prendrez conscience des belles émotions que vous ressentez déjà régulièrement, plus vous nourrirez naturellement votre force émotionnelle positive. Alors, continuez à être à l'écoute de vos émotions positives !

La force émotionnelle positive ?

Une bonne préparation émotionnelle positive est évidemment l'un des meilleurs atouts pour parvenir à atteindre vos objectifs, même les plus audacieux.

Voici les grandes émotions positives qui peuvent devenir des ressources inestimables : l'amour, la bienveillance, la tendresse, la passion, la bonté, la jubilation, l'altruisme, le rire, la surprise, la joie, la délectation, l'émerveillement, la gratitude, la sérénité, l'enthousiasme, la curiosité, la passion, le soulagement, le plaisir, la paix, l'affection, la satisfaction, l'enchantement, l'euphorie, l'espoir, la fierté, le désir, l'excitation… Plus vous ressentez d'émotions positives dans votre quotidien, plus vous vous offrez de chances d'atteindre vos objectifs et de réaliser vos rêves.

Semaine 2 : Je booste mon altruisme !

L'altruisme c'est ressentir un véritable amour désintéressé pour autrui, avec le souhait qu'il trouve le bonheur. C'est la générosité n'attendant rien en retour. Saviez-vous qu'une personne qui offre simplement chaque semaine un peu de son temps aux autres peut améliorer son niveau de bonheur personnel plus qu'une autre qui s'offre un peu de temps pour elle pendant la même durée ? Eh oui, notre bonheur augmente davantage lorsque nous donnons plus aux autres qu'à nous-même ! Intéressant, non ?

Bon, rassurez-vous, il augmente tout de même plus lorsque nous nous offrons du temps pour nous que si nous ne prenons pas soin de nous du tout ! Donc, prenez bien soin de vous, mais surtout, prenez bien soin des autres et offrez-leur de votre temps. Et cette semaine, laissez-vous ainsi porter par votre générosité, votre gentillesse et votre altruisme. Votre vie n'en sera que plus épanouie.

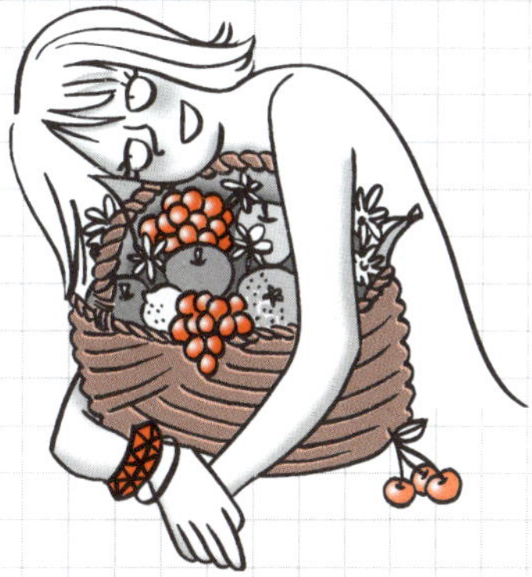

LUNDI

Ma technique positive du jour

La générosité anonyme

La générosité anonyme est cette démarche qui consiste à faire de belles actions pour d'autres personnes sans se dévoiler, sans la revendiquer, sans attendre ni retour ni reconnaissance, juste pour le plaisir de donner et de contribuer au mieux-être d'autrui.

Mon défi positif du jour

Aujourd'hui, devenez une généreuse anonyme !

Tout au long de la journée, prenez plaisir à faire de belles actions, de façon discrète et sans en parler à qui que ce soit ! Petits mots, petits cadeaux, petites attentions… Ouvrez votre cœur d'Amélie Poulain, les idées viendront naturellement. Découvrez le véritable plaisir d'offrir, la magie de l'altruisme !

Ce que je retiens de bon de cette journée de générosité anonyme :

Mot-clé n° 1 : ....

Mot-clé n° 2 : ....

Mot-clé n° 3 : ....

MARDI

Ma technique positive du jour

Mon défi positif du jour

Le don de temps

Offrir de son temps, c'est le cadeau le moins coûteux et pourtant le plus appréciable s'il est fait avec sincérité et en pleine présence de cœur !

Aujourd'hui, offrez de votre temps à au moins 3 personnes !

Que ce soit un don de temps pour un proche ou pour un inconnu, que ce soit pour 5 minutes ou pour 1 heure, que ce soit pour discuter ou pour aider à déménager, peu importe ! Concentrez-vous sur ce que vous pouvez offrir de plus agréable à ces personnes : votre présence authentique et bienveillante !

Ce que je ressens de bon à la suite de ces dons de temps :

Mot-clé n° 1 : ....

Mot-clé n° 2 : ....

Mot-clé n° 3 : ....

MERCREDI

Ma technique positive du jour

Mon défi positif du jour

L'inspiration positive

L'inspiration positive est une technique qui consiste à trouver des idées, des moyens, des solutions, en observant et en interrogeant des personnes qui nous inspirent.

Aujourd'hui, gâtez une personne de votre entourage qui vous inspire la générosité !

Prenez contact avec cette personne et offrez-lui un cadeau sans raison, juste pour lui faire plaisir et la remercier d'être elle-même et de vous inspirer ainsi ! Profitez-en pour lui poser des questions sur ce qui la pousse à être si généreuse, sur ce qu'elle ressent dans ces moments-là, et demandez-lui de vous raconter quelques-uns de ses plus beaux souvenirs de générosité.

Ce que je retiens de bon de cette démarche d'inspiration positive :

Mot-clé n° 1 : ....

Mot-clé n° 2 : ....

Mot-clé n° 3 : ....

JEUDI

Ma technique positive du jour

Mon défi positif du jour

Les petits mots chaudoudoux

Inspiré du *Conte chaud et doux des chaudoudoux* de Claude Steiner, la technique des petits mots chaudoudoux est très simple et très efficace : il s'agit d'écrire des petits mots positifs sur des petits bouts de papiers à offrir pour faire plaisir.

Aujourd'hui, passez votre journée à écrire et offrir des petits mots chaudoudoux à vos proches, à vos collègues, à vos voisins ou à de séduisants inconnus !

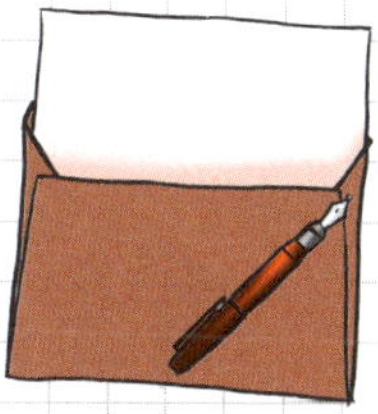

Ce que je retiens de bon de cette distribution de chaudoudoux :

Mot-clé n° 1 : ....

Mot-clé n° 2 : ....

Mot-clé n° 3 : ....

Astuce : Faites-le de façon ouverte ou anonyme. Libre à vous de glisser des petits mots chaudoudoux dans des livres à la bibliothèque, dans les poches de votre amoureux, sur le tableau de courses de votre mère ou dans des boîtes aux lettres d'inconnus.

VENDREDI

Ma technique positive du jour

Mon défi positif du jour

La technique de l'ange gardien

La technique de l'ange gardien consiste à veiller sur une personne en particulier. Dans un groupe, chacun peut tirer au sort un autre membre dont il devient l'ange gardien le temps d'une journée, d'une semaine, d'un mois…

Aujourd'hui, veillez sur la personne de votre choix, prenez soin d'elle et protégez-la !

Choisissez une personne que vous avez sincèrement envie d'aider ou à qui vous avez particulièrement envie de faire plaisir. Et tout au long de la journée, devenez son ange gardien : trouvez à tout moment le moyen de lui faire du bien, de lui faire plaisir ou de lui donner le sourire. Par exemple, proposez-lui régulièrement dans la journée une petite gorgée de sa boisson préférée, un petit massage des épaules ou une petite retouche maquillage. Emmenez-la dans ses endroits préférés, à la rencontre des personnes qui comptent le plus pour elle. Faites-la parler d'elle et n'hésitez pas à glisser discrètement à l'oreille des gens qu'elle sera amenée à croiser la petite mission de lui faire un cadeau ou un petit compliment sincère !

Ce que je retiens de bon de cette expérience d'ange gardien :

Mot-clé n° 1 : ....

Mot-clé n° 2 : ....

Mot-clé n° 3 : ....

SAMEDI

Mon déclic positif de la semaine

Relisez votre objectif positif page 12, ainsi que vos 15 mots-clés de la semaine. Qu'est-ce que cela vous fait comprendre ? Quels déclics positifs retenez-vous de cette deuxième semaine de coaching ?

....

....

....

....

DIMANCHE

BILAN

Vous avez aimé booster votre altruisme ? Alors essayez les idées ci-dessous !

Ma check-list de BA

- ☐ Commander ma carte de « donneur d'organes » ou faire un don du sang
- ☐ Faire mes courses chez un producteur local bio
- ☐ Faire don de mes vieux vêtements à la Croix Rouge
- ☐ Adopter un animal de la SPA et l'accueillir chez moi
- ☐ Courir pour une association caritative

Vous pouvez être fière de vous !

Bravo ! Cette semaine vous avez réussi à ressentir le plaisir de donner. Votre générosité de cœur a pu s'exprimer pleinement et vous en avez constaté les bienfaits dans les yeux des personnes que vous avez pu aider, mais aussi au plus profond de votre cœur. Donner c'est recevoir, vous le saviez déjà ! Mais maintenant, vous avez conscience que plus vous donnerez aux autres, à la planète, à la vie, plus la vie vous le rendra en positif !

Un amour plus grand que l'amour d'autrui ?

Au-delà de l'altruisme, qui consiste principalement à aimer les êtres humains, d'autres formes d'amour universel peuvent favoriser votre bien-être et contribuer à apporter plus de positif dans votre vie.

7 autres formes d'amour avec un grand A

1. **L'amour de la nature** : plantes, arbres, fleurs, campagne, forêt, océan…
2. **L'amour des animaux** : votre toutou tout trognon, les chevaux, les animaux en voie de disparition…
3. **L'amour de la vie** : être conscient de la chance que vous avez d'être en vie…
4. **L'amour de la planète** : protéger notre planète…
5. **L'amour d'un dieu** : foi en un être supérieur qui veille sur vous et sur le monde…
6. **L'amour de l'Univers** : foi en une énergie impalpable qui nous relie les uns aux autres et à tout ce qui nous entoure, de l'infiniment petit à l'infiniment grand…
7. **L'amour de soi** : vous accepter et vous aimer profondément avec vos forces et vos imperfections !

Semaine 3 : Je booste mon intelligence émotionnelle !

L'intelligence émotionnelle c'est cette forme d'intelligence qui nous permet d'identifier, d'accueillir, de canaliser et d'exprimer nos émotions, tout en tenant compte de celles des autres. Saviez-vous que de nombreuses études ont démontré l'impact positif de l'intelligence sociale ou de l'empathie sur notre bonheur et notre réussite ? Alors, cette semaine, soyez à l'écoute de vos émotions et de celles des autres. Laissez-vous guider avant tout par votre intelligence émotionnelle pour apporter de plus en plus de positif dans vos relations au quotidien et vous offrir une vie plus épanouie et pleine de réussite !

LUNDI

Ma technique positive du jour

L'écoute empathique

L'écoute empathique est une technique qui permet d'entendre les paroles, mais aussi les émotions des autres, de les accueillir avec bienveillance sans les prendre sur soi.

Mon défi positif du jour

Aujourd'hui, mettez-vous à l'écoute des autres et de leurs émotions !

Astuce : Observez leurs émotions sans vous les approprier, en gardant un peu de recul, en vous plaçant à juste distance entre la sympathie et la compassion. Les larmes ne sont pas toujours utiles face à une personne qui pleure !

Ce que je retiens de bon de cette écoute empathique :

Mot-clé n° 1 : ....

Mot-clé n° 2 : ....

Mot-clé n° 3 : ....

MARDI

Ma technique positive du jour

Le focus positif

Cette technique issue de la PNL (programmation neurolinguistique) consiste à focaliser volontairement son attention sur ce qui est beau, bon ou positif. On trouve toujours ce que l'on cherche, alors recherchons le positif !

Mon défi positif du jour

Aujourd'hui, focalisez-vous sur la beauté des personnes que vous croiserez au cours de la journée !

Ce que je retiens de bon de cette expérience de focus positif :

Mot-clé n° 1 : ....

Mot-clé n° 2 : ....

Mot-clé n° 3 : ....

Astuce : Regarder les beaux garçons est autorisé, mais n'oubliez pas la beauté intérieure ! Quoi qu'il arrive, ne retenez que le positif. Faites attention au charme naturel, à la particularité de chacun, à ses qualités, le plaisir qu'il donne par sa compagnie, etc.

MERCREDI

Ma technique positive du jour

Mon défi positif du jour

L'asservité

L'assertivité est une technique de communication qui consiste à être à l'écoute de ses propres ressentis, ses idées, ses attentes, autant que de ceux des autres, et à oser les exprimer avec bienveillance et respect.

Aujourd'hui, osez vous affirmer dans une situation où habituellement vous auriez peut-être fait l'autruche !

Par exemple : au restaurant, osez renvoyer un plat qui n'est pas à votre goût. Ou bien, osez frapper à la porte de vos voisins pour leur demander s'ils pourraient faire moins de bruit le soir passé 22 heures ! Évidemment, votre but est de vous entraîner à vous exprimer avec simplicité et authenticité, sans agressivité, en veillant à ce que l'autre se sente toujours le mieux possible tout au long de la discussion. Tous deux serez satisfaits, vous verrez !

Ce que je retiens de bon de cette expérience d'assertivité :

Mot-clé n° 1 : ....

Mot-clé n° 2 : ....

Mot-clé n° 3 : ....

JEUDI

Ma technique positive du jour

Mon défi positif du jour

La CNV

La CNV (communication non violente) est une technique de communication qui aide les gens à établir des relations bienveillantes avec les autres et avec eux-mêmes. Elle permet d'apprendre à exprimer ses sentiments et ses besoins avec des mots simples, en se basant sur l'empathie et la compassion.

Aujourd'hui, testez la communication non violente au sein de votre couple !

Auparavant, pour apprendre les bonnes techniques, prenez le temps de vous informer sur ce qu'est la communication non violente (faites une recherche sur Internet ou auprès d'un formateur). Puis appliquez-la à une situation de dispute récurrente au sein de votre couple (par exemple : « Quand je rentre du travail, tu es là à regarder la télé, alors que la vaisselle s'entasse dans l'évier ! »). Tentez d'exprimer ce que vous observez, puis vos émotions, vos besoins, et enfin formulez une demande claire et bienveillante sur ce que vous attendez de votre chéri. N'oubliez pas de l'inviter à communiquer avec vous de la même manière !

Ce que je retiens de bon de mon expérience de CNV :

Mot-clé n° 1 : ....

Mot-clé n° 2 : ....

Mot-clé n° 3 : ....

VENDREDI

Ma technique positive du jour

Les feedbacks

Un feedback c'est le partage authentique des pensées, des sensations et des émotions que l'on ressent en écoutant quelqu'un d'autre : c'est faire un débriefing après une discussion à cœur ouvert.

Mon défi positif du jour

Aujourd'hui, donnez votre feedback sur la dernière confidence que vous recueillerez (la difficulté au travail de votre collègue, la dernière histoire d'amour de votre meilleure amie, etc.) !
Exprimez de façon bienveillante à cette personne les différentes pensées qui vous ont traversé l'esprit au moment où vous l'écoutiez, ce que vous ressentiez dans votre corps et vos émotions à ce moment-là.

Ce que je retiens de bon de ces essais de feedback :

Mot-clé n° 1 : ....

Mot-clé n° 2 : ....

Mot-clé n° 3 : ....

SAMEDI

Mon déclic positif de la semaine

Relisez votre objectif positif page 12, ainsi que vos 15 mots-clés de la semaine. Qu'est-ce que cela vous fait comprendre ? Quels déclics positifs retenez-vous de cette dernière semaine de coaching ?

....

....

....

....

DIMANCHE

BILAN

Vous avez aimé booster votre intelligence émotionnelle ? Alors essayez les idées ci-dessous.

Ma check-list peace & love

- ☐ Noter chaque soir mes émotions de la journée
- ☐ Passer mon test de QE (quotient émotionnel)
- ☐ Participer à une partie de Tao, le jeu tendance sur les feedbacks
- ☐ Oser dire à ma mère ce que j'ai sur le cœur avec beaucoup d'amour
- ☐ Suivre un cours de communication non violente

Vous pouvez être fière de vous !

Bravo ! Cette semaine vous avez réussi à clarifier vos émotions et celles des autres, et vous avez aussi osé exprimer ce que vous ressentiez sans reproche, sans jugement et en toute bienveillance. En continuant à développer ainsi votre intelligence émotionnelle, vous vous offrez la chance d'améliorer, de renforcer et d'agrandir vos relations positives, mais aussi votre relation unique et essentielle avec vous-même.

L'intelligence émotionnelle

Si l'intelligence intellectuelle semble pouvoir vous aider à réussir dans vos études ou votre travail, l'intelligence émotionnelle peut clairement vous aider à réussir dans votre vie, que ce soit au niveau professionnel, personnel ou relationnel.

Les 7 composantes de l'intelligence émotionnelle

1. **La conscience de soi :** connaître et comprendre vos émotions
2. **L'estime de soi :** vous accepter, vous aimer et vous approprier votre vie
3. **L'expression de soi :** vous affirmer, oser dire et savoir le dire
4. **La gestion de soi :** prendre des décisions conscientes, assumer vos responsabilités, gérer vos émotions
5. **La motivation interne :** focaliser sur ce qui est vraiment important pour vous, nourrir votre enthousiasme, rebondir pour mieux avancer et développer votre optimisme
6. **L'empathie :** vous intéresser aux autres, développer votre écoute bienveillante, dissocier vos émotions de celles de l'autre et accepter l'autre tel qu'il est
7. **L'interaction sociale :** inspirer confiance, maîtriser l'art des relations interpersonnelles et de la dynamique de groupe, et développer votre leadership

Vous voilà au bout de votre coaching. Rendez-vous vite page 83 pour évaluer vos progrès !

Coaching positif n° 4 : Révélez la leadeur positive qui est en vous !

Vos réponses au test des forces naturelles vous ont orientée vers le coaching positif n° 4. Vous allez pouvoir renforcer votre leadership au service de votre positivisme ! Durant les 3 semaines à venir, vous allez développer encore plus votre esprit d'équipe, votre fidélité, votre sens de la justice et de l'équité et votre capacité à diriger, guider et inspirer. Êtes-vous prête à ressentir à quel point il est agréable de devenir une personne inspirante ? Laissez-vous pousser des ailes, tout deviendra étonnamment plus facile, plus beau, plus positif. Bref, à l'aide de techniques comme le *mind mapping*, la médiatisation et la synchronisation, laissez-vous guider jour après jour vers une vie plus riche en relations positives.

Semaine 1 : Je booste mon esprit d'équipe !

L'esprit d'équipe c'est un talent, un état d'esprit général même, qui nous permet de créer facilement un lien avec les membres d'un groupe, au point de sembler faire corps avec lui et d'œuvrer pour le bien de l'équipe en plus du bien de chacun de ses membres. Cette semaine, à vous de jouer ! Révélez votre esprit d'équipe !

LUNDI

Ma technique positive du jour

La dissociation

La dissociation est une technique de PNL (programmation neurolinguistique) qui consiste à séparer sa pensée de son corps, oublier ses préoccupations actuelles pour regarder et analyser sa vie actuelle de l'extérieur, comme un observateur. On a alors plus de recul et un autre point de vue, qui permettent de mieux gérer les situations.

Mon défi positif du jour

Aujourd'hui, coachez votre groupe comme si vous en étiez un élément extérieur : comme si vous en étiez l'entraîneur, par exemple !

Mon groupe : ....

....

Mon conseil positif pour ce groupe : ....

....

Astuce : Choisissez un groupe auquel vous vous sentez vraiment appartenir (un groupe d'amis, de collègues, de famille, de bénévoles, de projet, de loisirs...) et agissez vraiment comme si vous étiez une inconnue qui a vraiment l'envie et les capacités d'aider ce groupe à se consolider et à progresser.

Ce que je retiens de bon pour moi à la suite de cette dissociation :

Mot-clé n° 1 : ....

Mot-clé n° 2 : ....

Mot-clé n° 3 : ....

MARDI

Ma technique positive du jour

La mobilisation positive

La mobilisation positive consiste à réunir des partenaires autour d'un projet commun dans une dynamique positive pour le groupe et pour chacun de ses membres.

Mon défi positif du jour

Aujourd'hui, mobilisez votre groupe d'amis, de collègues, de famille, etc., pour vous aider à réaliser votre objectif positif ! Attention, vos recrues devront pouvoir en retirer, elles aussi, un bénéfice !

Bénéfice 1 pour votre groupe : ....

Bénéfice 2 pour votre groupe : ....

Bénéfice 3 pour votre groupe : ....

Ce que je retiens de bon de cette mobilisation :

Mot-clé n° 1 : ....

Mot-clé n° 2 : ....

Mot-clé n° 3 : ....

MERCREDI

Ma technique positive du jour

La sophrologie ludique

La sophrologie ludique est un moyen pédagogique mobilisant le corps, la conscience, le mouvement et la créativité, afin d'harmoniser le tout dans le plaisir et la légèreté.

Mon défi positif du jour

Aujourd'hui, faites de la sophrologie ludique en groupe !

Proposez à votre groupe de copines de faire une petite sortie en pleine nature. Choisissez chacune une pierre, un caillou, et imaginez que cette pierre représente tout le stress, toute la colère, toute la peur que chacune ressent en elle. Puis vous allez toutes fermer les yeux, et après un décompte de 10 à 0, vous allez toutes rouvrir les yeux et lancer votre pierre le plus loin possible en criant de toutes vos forces. Par ce geste, libérez-vous symboliquement d'un seul coup de toutes ces tensions !

Ce que je retiens de bon de cet exercice entre amies :

Mot-clé n° 1 : .... Mot-clé n° 2 : .... Mot-clé n° 3 : ....

JEUDI

Ma technique positive du jour

Mon défi positif du jour

Le mind mapping

Il s'agit d'un schéma, d'une carte mentale, représentant nos associations d'idées, saisies à la volée, et que nous organisons en vrac mais dans un ensemble cohérent.

Aujourd'hui, représentez votre carte mentale de l'esprit d'équipe !

Sur une feuille, écrivez le mot « esprit d'équipe » au centre, puis notez autour les premiers mots qui vous viennent à l'esprit à ce sujet. Pour chacun de ceux-là, reliez d'autres mots qui vous viennent par association d'idées, et ainsi de suite, en élargissant la toile de mots.

Ce que je déduis de bon de cette carte mentale :

Mot-clé n° 1 : ....

Mot-clé n° 2 : ....

Mot-clé n° 3 : ....

VENDREDI

Ma technique positive du jour

Mon défi positif du jour

La baguette magique

En imaginant que nous disposons d'une baguette magique, nous parvenons plus facilement et rapidement à exprimer nos idées les plus originales, nos besoins les plus profonds ou nos rêves et désirs les plus secrets !

Aujourd'hui, jouez la bonne fée de votre groupe et, d'un coup de baguette, faites apparaître les solutions pour que l'avenir soit radieux pour chacun de ses membres et pour le groupe lui-même. Tout est possible ! Laissez-vous surprendre par les idées qui pourraient surgir et n'hésitez pas à la prêter aux autres membres du groupe. Chacun possède en lui des solutions parfois insoupçonnées que seule une telle baguette peut révéler.

Ce que je retiens de bon de cet exercice :

Mot-clé n° 1 : ....

Mot-clé n° 2 : ....

Mot-clé n° 3 : ....

SAMEDI

Mon déclic positif de la semaine

Relisez votre objectif positif page 12, ainsi que vos 15 mots-clés de la semaine. Qu'est-ce que cela vous fait comprendre ? Quels déclics positifs retenez-vous de cette première semaine de coaching ?

....

....

....

....

DIMANCHE

BILAN

Vous avez aimé booster votre esprit d'équipe ? Alors essayez les idées ci-dessous !

Ma check-list team-building

- ☐ Organiser une sortie Laser Game avec tous mes collègues
- ☐ Proposer de tourner un *lip dub* pour faire connaître notre association
- ☐ S'inscrire avec un groupe de proches à un Bootcamp
- ☐ Organiser un week-end bivouac entre amis
- ☐ Prévoir une virée en quad entre couples
- ☐ Inscrire ma petite famille à l'émission « Tahiti Quest » sur Gulli

Vous pouvez être fière de vous !

Bravo ! Cette semaine vous avez réussi à renforcer encore plus cette solidarité, cette harmonie au sein de votre équipe, voire de plusieurs de vos groupes. Vous saviez que vous y aviez votre place, mais maintenant vous avez pris conscience qu'il ne tient qu'à vous d'entretenir cette dynamique de groupe, en prenant du recul, en osant demander de l'aide, en clarifiant la position et le rôle de chacun ou en osant rêver plus grand pour ce groupe. Alors continuez à prendre soin de vos équipes et de chacun de ses membres, toutes vos relations en seront simplifiées et votre vie n'en sera que plus positive !

Une valeur positive collective ?

Une valeur positive collective est un principe, une morale, une éthique partagée par un groupe. Elle est essentielle, car c'est sur elle que l'on se base pour décider des actions collectives pour évoluer dans une direction commune.

Top 10 des valeurs collectives les plus valorisées

1. la paix
2. la solidarité
3. le respect
4. l'honnêteté
5. l'égalité
6. la fidélité
7. la liberté
8. la tradition
9. la sécurité
10. la justice

Semaine 2 : Je booste mon sens de la justice !

Le sens de la justice c'est faire preuve de respect et d'équité à l'égard d'autrui, ou encore évaluer les décisions et les actions équitablement, avec un regard juste. Cette semaine, entretenez votre impartialité, votre sens de la justice et de l'équité !

LUNDI

Ma technique positive du jour

Mon défi positif du jour

Le jeu de rôle
Le jeu de rôle consiste à interpréter un personnage (réel ou imaginaire).

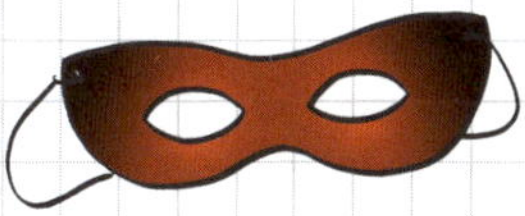

Aujourd'hui, toute la journée, jouez la Zorro girl !
Sans en parler à personne, ni de façon trop voyante, agissez à la moindre occasion pour favoriser la justice dans les situations qui vous entourent. Par exemple : déposez une part de gâteau sur le bureau de votre collègue qui n'a pas pu assister au pot de départ d'une autre ; proposez discrètement à des personnes de se lever pour laisser s'asseoir une femme enceinte dans un bus ; laissez un bon pourboire à la stagiaire du salon de coiffure qui doit être bien mal payée !

Ce que je retiens de bon de ce jeu de rôle :

Mot-clé n° 1 : .... Mot-clé n° 2 : .... Mot-clé n° 3 : ....

MARDI

Ma technique positive du jour

Mon défi positif du jour

La politesse
La politesse c'est un ensemble de codes et d'attitudes visant à favoriser le respect et les bonnes relations entre les gens.

Aujourd'hui, devenez un exemple de politesse et de bonnes manières, comme si vous sortiez de l'école de madame de Fontenay. « Merci pour ton attention ! », « Veuillez excuser mes quelques minutes de retard », « Puis-je avoir l'honneur de déjeuner à tes côtés ? », « Mais sers-toi, je t'en prie, avec plaisir ! ».

Ce que je ressens à la suite de cette journée de politesse :

Mot-clé n° 1 : .... Mot-clé n° 2 : .... Mot-clé n° 3 : ....

MERCREDI

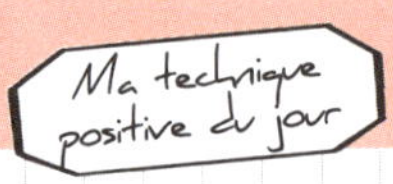

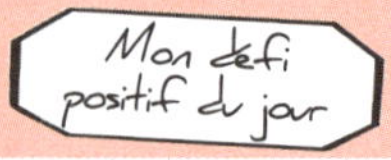

La commande à l'Univers

Vous aussi vous avez le droit de rêver ! La commande à l'Univers est une technique de coaching qui vous amène à exprimer vos souhaits et vos rêves les plus profonds. En effet, la recherche montre que les gens qui expriment clairement leurs besoins et leurs objectifs sont plus susceptibles de les atteindre !

Aujourd'hui, passez commande à l'Univers pour lui demander un monde juste et idéal ! Décrivez le monde tel que vous le rêvez, détaillez ce qui devrait changer pour cela.

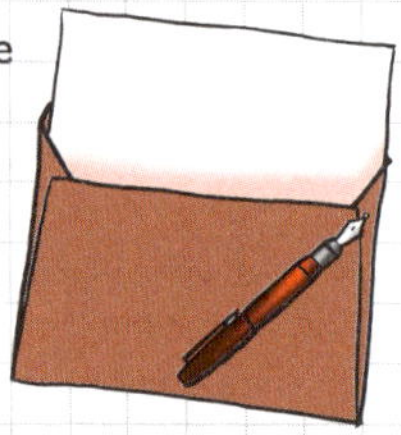

Ce que je retiens de bon de cette commande à l'Univers :

Mot-clé n° 1 : .... Mot-clé n° 2 : .... Mot-clé n° 3 : ....

JEUDI

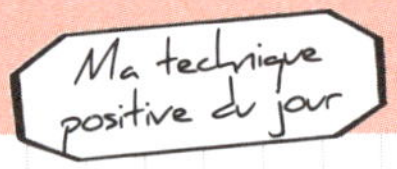

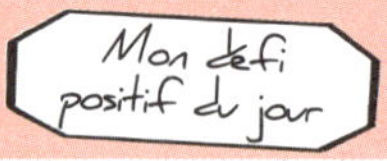

La relaxation positive

La relaxation positive utilise une image mentale idéale ou une expérience émotionnelle agréable pour se détendre.

Aujourd'hui, offrez-vous une séance de relaxation positive en utilisant votre sentiment de paix et de justice intérieure pour créer votre état de détente ! Pour pratiquer votre séance : connectez-vous avec la partie la plus juste, équitable, impartiale de vous-même en concentrant votre intention sur la paix et la justice dans le monde, comme si votre simple pensée, votre simple émotion suffisaient à contribuer à un monde meilleur.

Ce que je retiens de bon de cette relaxation positive :

Mot-clé n° 1 : ....

Mot-clé n° 2 : ....

Mot-clé n° 3 : ....

VENDREDI

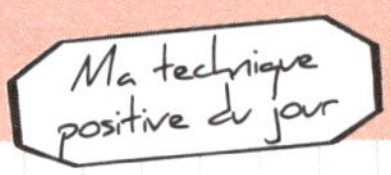

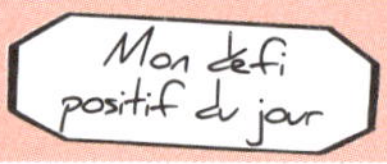

La médiation

La médiation est une technique qui propose à quelqu'un de neutre et impartial de jouer le médiateur afin d'améliorer la relation ou la compréhension entre deux autres personnes.

Aujourd'hui, jouez la médiatrice dans un conflit au bureau, chez vous ou entre amis ! Quelles qualités vous permettent de les aider à résoudre leur conflit ?

Mes qualités de médiatrice que je retiens de cet exercice :

Mot-clé n° 1 : .... Mot-clé n° 2 : .... Mot-clé n° 3 : ....

SAMEDI

Mon déclic positif de la semaine

Relisez votre objectif positif page 12, ainsi que vos 15 mots-clés de la semaine. Qu'est-ce que cela vous fait comprendre ? Quels déclics positifs retenez-vous de cette deuxième semaine de coaching ?

....

....

....

....

DIMANCHE

BILAN

Vous avez aimé booster votre sens de la justice ? Alors essayez les idées ci-dessous !

Ma check-list de Zorro girl

- ☐ Inscrire des proches qui en ont besoin à l'émission « Tous ensemble ! »
- ☐ Participer au Rallye Aïcha des Gazelles pour récolter des fonds pour la lutte contre le cancer
- ☐ Faire livrer un bouquet à ma meilleure amie célibataire signé d'un admirateur anonyme
- ☐ Déposer des cadeaux pour les enfants devant un orphelinat
- ☐ Faire un tour du monde humanitaire

Vous pouvez être fière de vous !

Bravo ! Cette semaine vous avez réussi à vous connecter à votre sens de la justice, de l'impartialité et de l'équité. Vous mettre dans la peau d'une justicière ou d'une médiatrice vous a permis d'identifier clairement votre potentiel dans ces domaines. Et votre commande à l'Univers et votre relaxation positive vous ont permis d'ancrer profondément en vous ce sentiment de justice que vous désirez mettre au service d'un monde meilleur. Continuez à rayonner ainsi et à œuvrer en faveur d'un monde plus juste, collaboratif et positif !

La puissance positive de la collaboration ?

Collaborer c'est réfléchir et agir ensemble pour atteindre un objectif commun, c'est l'association des idées, forces, talents et motivations de plusieurs personnes pour favoriser l'implication et l'épanouissement de chacun en fonction de sa personnalité et de ses compétences naturelles. On augmente ainsi les chances de réussite de chacun et de l'équipe !

La psychologie positive a démontré que non seulement le taux de réussite est plus élevé dans une équipe collaborative que dans une équipe compétitive, mais également que chacun des membres y trouve beaucoup plus de plaisir et de sens, les actions étant en accord avec les valeurs positives de l'équipe !

Semaine 3 : Je booste mon leadership !

Le leadership c'est savoir mener, inspirer et motiver un groupe, mais c'est aussi maintenir l'harmonie en son sein, de sorte que chacun se sente inclus. Cette semaine, révélez au grand jour vos talents de meneuse positive.

LUNDI

Ma technique positive du jour

Mon défi positif du jour

Les 2 millimètres

La technique des 2 millimètres consiste à modifier notre posture en imaginant un point situé au niveau de notre sternum que nous pouvons remonter de 2 millimètres pour nous tenir plus droit, ce qui nous donne naturellement une posture plus confiante.

Aujourd'hui, adoptez une posture de leadeur sûre d'elle et positive !

Écrivez le chiffre 2 sur votre main : ce sera votre pense-bête afin de vous rappeler tout au long de la journée de redresser votre sternum de 2 mm.

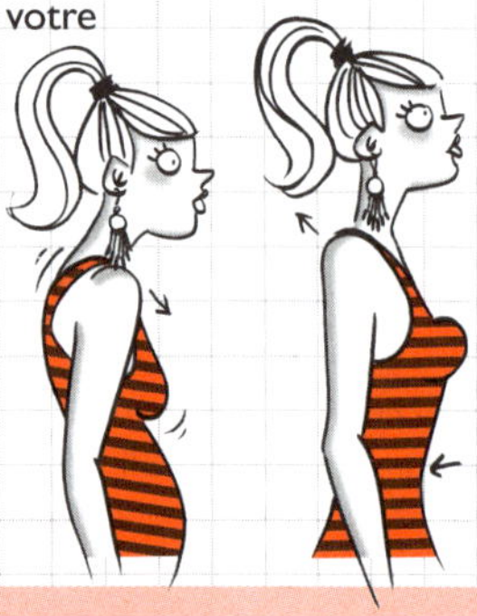

Les ressentis positifs que je retiens de cette posture :

Mot-clé n° 1 : ....

Mot-clé n° 2 : ....

Mot-clé n° 3 : ....

MARDI

Ma technique positive du jour

Mon défi positif du jour

Le regard hypnotique

Le regard hypnotique est une technique utilisée en hypnothérapie. Cela consiste à regarder une personne dans les yeux de manière à lui donner la sensation d'être totalement en confiance, écoutée et comprise.

Aujourd'hui, testez votre regard hypnotique pendant une conversation !

Ce que je retiens de bon de ce regard hypnotique :

Mot-clé n° 1 : ....

Mot-clé n° 2 : ....

Mot-clé n° 3 : ....

Astuce : Posez des questions à votre interlocuteur et, tout en l'écoutant attentivement, avec bienveillance et considération, regardez-le droit dans les yeux, comme si vous cherchiez à voir le fond de sa rétine ! Lancez votre plus beau regard snake-eye !

MERCREDI

Ma technique positive du jour

Mon défi positif du jour

La colorimétrie

La colorimétrie est une discipline psychophysique qui étudie les réactions face à la couleur ou la luminosité.

Aujourd'hui, choisissez pour votre tenue la couleur qui inspirera le charisme aux yeux des autres.

Vérifiez l'impact de votre choix sur les personnes que vous croiserez !

Ce que je retiens de bon de la colorimétrie :

Mot-clé n° 1 : ....

Mot-clé n° 2 : ....

Mot-clé n° 3 : ....

JEUDI

Ma technique positive du jour

Mon défi positif du jour

La synchronisation

La synchronisation est un outil de PNL (programmation neurolinguistique) permettant d'établir un contact facile avec son interlocuteur en se synchronisant avec son attitude et son langage.

Aujourd'hui, synchronisez-vous avec un interlocuteur pendant une discussion !

Ce que je retiens de bon de cette synchronisation :

Mot-clé n° 1 : ....

Mot-clé n° 2 : ....

Mot-clé n° 3 : ....

Astuce : Pendant votre conversation, copiez sa façon de se tenir, son attitude (cool Raoul, BCBG, sexy…), mais aussi le volume et le rythme de sa voix, de façon à être le plus en lien avec cette personne. Il ne s'agit pas de mimer mais d'être le plus en harmonie.

VENDREDI

Ma technique positive du jour

Mon défi positif du jour

La personnification

La personnification est une technique de coaching qui consiste à incarner une idée abstraite, un peu selon le principe du portrait chinois.

Aujourd'hui, personnifiez le leadership !

Imprimez une photo de la personne qui personnifie le mieux le leadership selon vous, glissez-la dans votre sac à main et agissez comme si vous étiez naturellement contaminée par son pouvoir de séduction, de persuasion, son charme ou son charisme.

Ce que je retiens de bon de cette personnification :

Mot-clé n° 1 : .... Mot-clé n° 2 : .... Mot-clé n° 3 : ....

SAMEDI

Mon déclic positif de la semaine

Relisez votre objectif positif page 12, ainsi que vos 15 mots-clés de la semaine. Qu'est-ce que cela vous fait comprendre ? Quels déclics positifs retenez-vous de cette dernière semaine de coaching ?

....

....

....

....

DIMANCHE

BILAN

Vous avez aimé booster votre leadership ? Alors essayez les idées ci-dessous !

Ma check-list de *girl-to-follow*

- ☐ Lancer une mode en maquillant mes yeux de couleurs différentes !
- ☐ Lancer un défi « 21 jours sans râler : qui me suit ? »
- ☐ Proposer un grand pique-nique avec tous mes amis FB !
- ☐ Organiser un *flash mob* du bonheur en plein centre-ville !
- ☐ Créer l'association des femmes fières d'être positives !

Vous pouvez être fière de vous !

Bravo ! Cette semaine vous avez réussi à vous positionner comme leadeur positive et à révéler votre leadership naturel et bienveillant. Que ce soit dans votre attitude corporelle, à l'aide de votre tenue vestimentaire ou grâce à des petites techniques comme la synchronisation ou le regard hypnotique, vous avez pu constater que vous pouvez inspirer confiance et influencer positivement vos proches dès que vous êtes dans votre attitude de leadeur positive. Devenez la personne inspirante que vous avez toujours rêvé d'être !

Vous voilà au bout de votre coaching. Rendez-vous vite page 83 pour évaluer vos progrès !

Une personne inspirante

Chacun connaît au moins une ou deux personnes qui l'inspirent, que ce soit un proche ou une personnalité célèbre. Ces modèles vous donnent des idées, du courage, de la foi ou de l'enthousiasme rien que par leur exemple.

Voici 6 points communs que l'on retrouve chez toutes ces personnes inspirantes :

– elles sont authentiques
– elles s'investissent à 100 % dans leur passion et la font partager
– elles savent organiser leur temps et leurs priorités
– elles ont confiance en elles, en leur potentiel
– elles sont optimistes, elles ont confiance en l'avenir
– elles s'inspirent elles-mêmes de mentors

Coaching positif n° 5 : Révélez la bienveillante positive qui est en vous !

Vos réponses au test des forces naturelles vous ont orientée vers le coaching positif n° 5 ! Vous allez pouvoir renforcer votre bienveillance naturelle au service de votre positivisme. Durant les 3 semaines à venir, vous allez mobiliser votre sens du pardon, votre humilité, votre prudence et votre discrétion, mais vous allez aussi apprendre à développer votre zen attitude ! À l'aide de techniques comme l'EFT, la méditation ou l'écriture créative, laissez-vous guider jour après jour vers une vie plus sereine et plus zen.

Semaine 1 : Je booste mon lâcher-prise !

Lâcher prise c'est savoir accepter ses limites, accepter que parfois on ne peut rien. C'est laisser aller en toute sérénité, sans pour autant abandonner. Cette semaine, libérez-vous !

LUNDI

Ma technique positive du jour

L'EFT

L'EFT (*Emotional Freedom Technical*) permet de libérer les émotions. Cela consiste à tapoter sur l'entrée des méridiens, à la tête, sur le haut du corps et des mains, en même temps que l'on prononce une phrase spécifique.

Mon défi positif du jour

Aujourd'hui, pratiquez l'EFT positif pour lâcher prise !

- Détendez-vous profondément.
- En tapotant avec deux doigts le point karaté (la tranche de la paume), répétez 3 fois la phrase : « Même si je ne parviens pas toujours à lâcher prise, je m'aime et je m'accepte telle que je suis ! »
- Puis en tapotant une dizaine de fois avec deux doigts les points ci-contre, répétez la phrase : « Je lâche prise maintenant, je m'apaise et je positive. »
- Entourez votre poignet de votre main et serrez-le en vous répétant le mot « calme ». Si vous n'êtes pas encore tout à fait apaisée, recommencez tout le cycle !

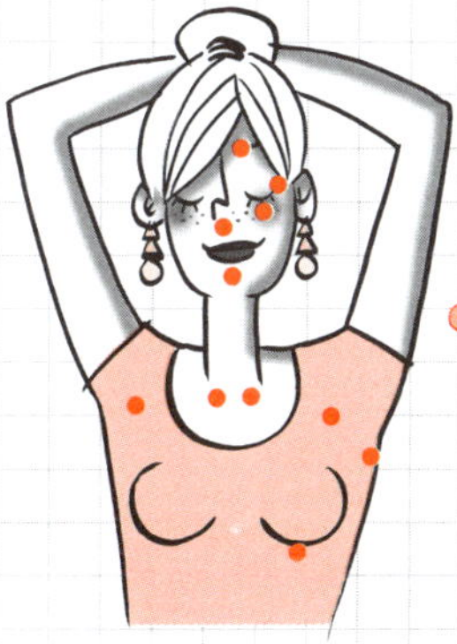

Ce que je retiens de bon de cette séance d'EFT :

Mot-clé n° 1 : ....

Mot-clé n° 2 : ....

Mot-clé n° 3 : ....

MARDI

Ma technique positive du jour

Mon défi positif du jour

La lettre de pardon

La lettre de pardon est une technique de coaching utilisée pour se libérer de toutes les émotions négatives que l'on ressent vis-à-vis d'une autre personne : il peut s'agir d'une lettre où l'on pardonne pour se libérer de sa colère ou d'une lettre d'excuses pour se libérer de sa culpabilité.

Aujourd'hui, écrivez une lettre de pardon à quelqu'un à qui vous en voulez terriblement (un parent, une amie très chère, votre ex).

Décrivez les circonstances de la dispute de départ, ce que vous avez ressenti sur le moment et ce que vous avez encore sur le cœur aujourd'hui. Puis écrivez à cette personne que vous lui pardonnez ou, au moins, que vous aimeriez pouvoir lui pardonner. Libre à vous ensuite de garder cette lettre dans un tiroir, de la brûler ou de l'envoyer à son destinataire.

Ce que je retiens de bon de cette lettre de pardon :

Mot-clé n° 1 : ....

Mot-clé n° 2 : ....

Mot-clé n° 3 : ....

MERCREDI

Ma technique positive du jour

Mon défi positif du jour

La méthode GTD

La méthode GTD (*Getting Things Done*), créée par l'Américain David Allen, consiste à gérer les priorités quotidiennes afin d'être efficace sans stresser.

Aujourd'hui, appliquez la méthode GTD pour réorganiser votre vie et laisser plus de place pour le positif !

Commencez par faire une liste de tout ce que vous avez à faire à court, moyen et long terme dans tous les domaines de votre vie. Oui, oui, une longue liste de tâches à faire, plus ou moins importantes, peu importe ! Et n'oubliez pas d'y ajouter les choses que vous avez vraiment envie de faire juste pour le plaisir. Puis classez-les de la manière suivante :

1. les tâches prioritaires urgentes et importantes
2. les tâches urgentes mais pas importantes
3. les tâches importantes mais non urgentes
4. sans oublier de déléguer autant que possible les tâches non urgentes et non importantes

Ce que je retiens de bon de cette méthode GTD :

Mot-clé n° 1 : ....

Mot-clé n° 2 : ....

Mot-clé n° 3 : ....

JEUDI

Ma technique positive du jour

Mon défi positif du jour

Le yock

Le yock est une technique de lâcher-prise qui consiste à vous libérer de toutes vos tensions en visualisant le stress fauché par un sabre géant en même temps que vous poussez un puissant cri libérateur.

Aujourd'hui, lâchez toutes vos tensions à l'aide d'un yock !

Isolez-vous en pleine nature, dans une pièce bien close, dans une voiture ou dans tout autre endroit désert. Imaginez un grand sac imaginaire posé par terre, à 1 mètre devant vos pieds, et contenant votre stress. Secouez vos bras, vos mains comme si vous cherchiez à faire tomber par le bout de vos doigts dans ce sac le reste de tensions. Puis, imaginez que vous empoignez un sabre géant, que vous le levez bien haut au-dessus de votre tête. Prenez une profonde inspiration, puis d'un grand coup, abattez votre sabre et tranchez le sac en criant de toutes vos forces « YOOOOCKKK ». Reprenez votre souffle et recommencez une seconde fois.

Ce que je retiens de bon de ce yock :

Mot-clé n° 1 : ....

Mot-clé n° 2 : ....

Mot-clé n° 3 : ....

VENDREDI

Ma technique positive du jour

Mon défi positif du jour

La méditation

La méditation est la technique de lâcher-prise par excellence. Cela consiste tout simplement à respirer en pleine conscience, en laissant passer les pensées, les sensations et les émotions sans les retenir.

Aujourd'hui, offrez-vous une séance de méditation !

Choisissez un moment favorable dans un environnement calme, où vous pourrez être tranquille. Installez-vous confortablement, prenez trois profondes respirations en veillant à bien redresser votre colonne vertébrale comme si un fil vous étirait le dos depuis le sommet du crâne. Puis appréciez tout simplement l'instant présent en fermant les yeux et en accueillant – mais en les laissant passer – vos pensées, vos sensations et vos émotions.

Ce que je retiens de bon de cette séance de méditation :

Mot-clé n° 1 : ....

Mot-clé n° 2 : ....

Mot-clé n° 3 : ....

SAMEDI

Mon déclic positif de la semaine

Relisez votre objectif positif page 12, ainsi que vos 15 mots-clés de la semaine. Qu'est-ce que cela vous fait comprendre ? Quels déclics positifs retenez-vous de cette première semaine de coaching ?

....

....

....

....

DIMANCHE

BILAN

Vous avez aimé booster votre lâcher-prise ? Alors essayez les idées ci-dessous !

Ma check-list défouloir

- ☐ M'acheter un punching-ball
- ☐ Faire une séance de casse d'assiettes pour libérer mon stress
- ☐ M'inscrire à un club de boxe ou à des cours de fight fitness
- ☐ Libérer ma colère en écrivant toute une série d'insultes puis brûler la feuille
- ☐ Sauter à l'élastique ou faire un saut en parachute

Vous pouvez être fière de vous !

Bravo ! Cette semaine vous avez réussi à lâcher prise à plusieurs niveaux. Avec l'EFT ou la lettre de pardon, vous savez maintenant comment ne plus donner prise à vos émotions négatives. En suivant des méthodes de gestion des priorités telles que la méthode GTD, vous avez appris à vous libérer l'esprit. Et enfin, à l'aide du yock et de la méditation, vous avez testé des techniques pour faire lâcher prise à toutes vos tensions. Alors, pour laisser place à plus de positif dans votre vie, pensez régulièrement à vous libérer le corps, le cœur et l'esprit.

Les différentes formes de méditation

Il existe de nombreuses techniques de méditation, à vous de trouver celle qui vous correspond le mieux :

– la méditation de pleine conscience MBSR (réduction du stress par la pleine conscience)
– la méditation dynamique : alternance de respirations et de mouvements
– la méditation du rire : alternance de respirations et de rires
– la méditation par le chant : alternance de respirations et de sons
– la danse méditative : alternance de respirations et de danse
– la marche méditative : respirations en marchant
– la méditation des mandalas : respirations et dessins de mandalas
– la méditation des chakras : respirations pour harmoniser les 7 chakras
– la méditation guidée : respirations accompagnées par une voix externe

Semaine 2 : Je booste mon sens de l'anticipation !

Le sens de l'anticipation c'est prévoir au mieux le pire comme le meilleur en toute sérénité, afin de rester maître de la situation. Cette semaine, laissez-vous guider par votre capacité d'anticipation ! Prête à plonger dans un avenir positif ?

LUNDI

Ma technique positive du jour

Le start-up positif

Le start-up positif est une technique de planification dynamique qui consiste à commencer chaque matin en déterminant les 3 objectifs positifs prioritaires du jour.

Ce que je retiens de bon de ce start-up positif :

Mot-clé n° 1 : ....

Mot-clé n° 2 : ....

Mot-clé n° 3 : ....

Mon défi positif du jour

Aujourd'hui, première chose à faire au saut du lit : décidez de 3 objectifs positifs essentiels pour profiter pleinement de votre journée !

Astuce : Ces objectifs doivent être enthousiasmants, vous devez vous réjouir à la pensée de les réaliser. Pour éviter l'échec et la frustration, veillez à ce qu'ils soient SMARTEP (voir page 11) !

MARDI

Ma technique positive du jour

La méthode du choix gagnant

Le choix gagnant est une technique qui facilite la décision face à un choix. Il s'agit de lister les aspects les plus positifs de chaque alternative. Celle qui en compte le plus gagne !

Mon défi positif du jour

Aujourd'hui, prenez une décision importante pour votre avenir : choisissez grâce à la méthode du choix gagnant !

Dressez une liste des points positifs de chaque option (demander votre mutation, renouer avec votre ex…). Faites votre choix par anticipation positive : penchez pour la solution qui vous procure d'avance le plus d'enthousiasme !

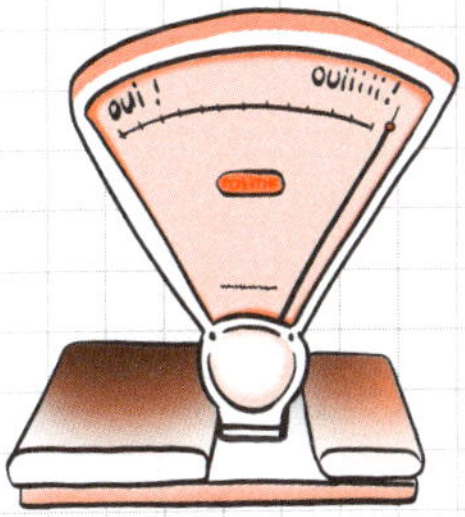

Ce que je retiens de bon de cette méthode du choix gagnant :

Mot-clé n° 1 : ....

Mot-clé n° 2 : ....

Mot-clé n° 3 : ....

MERCREDI

Ma technique positive du jour

Mon défi positif du jour

L'écriture créative

L'écriture créative est une technique qui permet de concevoir de nouveaux scénarios de vie ou un avenir idéal à travers l'écriture.

Aujourd'hui, écrivez le déroulé parfait des deux journées de votre prochain week-end !

Prenez une feuille et un stylo et installez-vous confortablement. Décrivez tout en détail, du réveil du samedi au coucher du dimanche, ce que vous allez voir de beau, vivre de bon, d'agréable, de joyeux, de tendre ou d'amusant.

Ce que je retiens de bon de cette expérience d'écriture créative :

Mot-clé n° 1 : .... Mot-clé n° 2 : .... Mot-clé n° 3 : ....

JEUDI

Ma technique positive du jour

Mon défi positif du jour

Le « je » interdit

Le « je » interdit est une technique de communication qui permet d'anticiper notre attitude dans une conversation, en décidant à l'avance de ne jamais prononcer le mot « je », pour laisser plus de place à l'autre dans l'échange.

Aujourd'hui, préparez à l'avance les conversations incontournables de votre journée (les potins du matin à la machine à café, le coup de fil de votre mère ou le tête-à-tête avec votre homme ce soir), car… vous avez interdiction de dire « je » pendant toute la durée de la discussion ! Évitez aussi les pronoms « mon », « ma », « mes » ou « me » !

Ce que je retiens de bon de cette discussion :

Mot-clé n° 1 : ....

Mot-clé n° 2 : ....

Mot-clé n° 3 : ....

VENDREDI

Ma technique positive du jour

Mon défi positif du jour

La respiration magique

La respiration magique est une technique de relaxation qui repose sur l'association d'une pensée magique avec la respiration.

Aujourd'hui, chaque fois que vous appréhenderez une situation, prononcez la phrase « Tout va bien se passer, tout est parfait, tout est juste » en même temps que vous ferez 3 cycles de respiration profonde ! Comme si votre respiration magique influençait directement la situation pour le meilleur.

Ce que je retiens de bon de cette respiration magique :

Mot-clé n° 1 : .... Mot-clé n° 2 : .... Mot-clé n° 3 : ....

SAMEDI

Mon déclic positif de la semaine

Relisez votre objectif positif page 12, ainsi que vos 15 mots-clés de la semaine. Qu'est-ce que cela vous fait comprendre ? Quels déclics positifs retenez-vous de cette deuxième semaine de coaching ?

....

....

....

....

....

DIMANCHE

BILAN

Vous avez aimé booster votre sens de l'anticipation ? Alors essayez les idées ci-dessous !

Ma check-list du futur

- ☐ Lister 10 endroits où je rêve d'aller au moins une fois dans ma vie
- ☐ Lister 10 célébrités que je rêve de rencontrer
- ☐ Lister 10 soirées romantiques que je rêve de partager avec mon amoureux
- ☐ Lister 10 projets professionnels que je rêve de réaliser
- ☐ Lister 10 expériences insolites que je rêve de vivre

Vous pouvez être fière de vous !

Bravo ! Cette semaine vous avez réussi à tout anticiper de façon positive, dans la légèreté et en toute délicatesse ! Si le start-up positif vous a permis d'amorcer la journée avec enthousiasme, le « je » interdit, de son côté, vous a sans doute révélé l'importance d'une écoute centrée sur l'autre. Vous avez pris conscience cette semaine que pour créer les conditions les plus favorables pour une relation avec d'autres, l'essentiel est déjà d'entretenir une relation positive avec soi-même. Faire des choix, prévoir, anticiper, vous voilà fin prête maintenant à appréhender au mieux tout type de situation à venir !

Une relation positive avec soi ?

Entretenir une relation positive avec soi-même, c'est veiller à garder un regard positif sur soi, à prendre soin de son estime de soi.

Voici 7 clés pour prendre soin de votre relation avec vous-même.

1. Vous accorder chaque jour au moins un moment rien que pour vous.
2. Prévoir chaque semaine au moins une activité de plaisir personnel.
3. Vous remercier après chaque action.
4. Être chaque matin au réveil à l'écoute de vous-même et de ce dont vous avez besoin aujourd'hui pour vous sentir bien.
5. Prendre un instant chaque soir pour repenser à ce que vous avez fait de bien, de bon, de juste, d'utile, de généreux ou de gentil.
6. Vous féliciter vous-même dans votre tête lorsque vous réussissez quelque chose.
7. Apprendre à aimer vos qualités mais aussi vos imperfections.

Semaine 3 : Je booste ma zen attitude !

La zen attitude c'est savoir identifier, accueillir, exprimer et partager ses émotions et celles des autres tout en restant toujours sereine. Cette semaine, vous allez développer votre zen attitude.

LUNDI

Ma technique positive du jour

Mon défi positif du jour

La chromothérapie

La chromothérapie est une technique qui utilise les couleurs pour améliorer notre état psychoémotionnel.

Aujourd'hui, entourez-vous de couleurs qui vous rendent zen grâce à la chromothérapie !

Pour cela, pensez à 3 couleurs qui vous apaisent, précisez pourquoi cette couleur vous fait du bien et trouvez ou placez au moins un objet de cette couleur près de vous.

Couleur 1 : .... Pourquoi ? ....

Couleur 2 : .... Pourquoi ? ....

Couleur 3 : .... Pourquoi ? ....

Ce que je retiens de bon de la chromothérapie :

Mot-clé n° 1 : .... Mot-clé n° 2 : .... Mot-clé n° 3 : ....

MARDI

Ma technique positive du jour

Mon défi positif du jour

Le rituel

Un rituel est un ensemble de petites actions enchaînées dans un ordre particulier et réalisées d'une façon bien particulière (comme le rituel du coucher, le rituel du ménage hebdomadaire, du départ en vacances).

Aujourd'hui, créez-vous un nouveau rituel positif qui vous garantira au moins un moment de détente chaque semaine. Prenez votre agenda et notez-y d'avance votre petit moment relax (méditation, sortie en forêt, sauna, hammam, jacuzzi…) qui sera désormais votre rituel zen de la semaine !

Ce que je retiens de bon de ce rituel :

Mot-clé n° 1 : ....

Mot-clé n° 2 : ....

Mot-clé n° 3 : ....

MERCREDI

Ma technique positive du jour

Mon défi positif du jour

Le mime

Le mime est une technique très efficace en développement personnel pour apprendre à vivre les émotions les plus variées en toute sécurité et sans utiliser le moindre mot. En piste !

Aujourd'hui, mimez des états émotionnels positifs : joie, enthousiasme, surprise, sérénité, émerveillement, soulagement, fierté ou calme ! Mettez-vous debout et mimez par des expressions du visage, mais aussi par votre posture, vos mouvements et vos gestes. Que se passe-t-il en vous ? À plusieurs, cet exercice est encore plus intéressant. À qui l'Oscar de la meilleure actrice ?

Ce que je ressens de bon pendant ces mimes :

Mot-clé n° 1 : ....

Mot-clé n° 2 : ....

Mot-clé n° 3 : ....

JEUDI

Ma technique positive du jour

Mon défi positif du jour

L'olfactothérapie

L'olfactothérapie est une technique de développement personnel qui utilise l'impact des odeurs sur l'état émotionnel.

Aujourd'hui, découvrez les émotions que provoquent en vous toutes les odeurs de votre journée (plantes, plats, lieux ou odeur d'une personne) !

Ce que je retiens de bon de cette expérience sur les odeurs :

Mot-clé n° 1 : .... Mot-clé n° 2 : .... Mot-clé n° 3 : ....

VENDREDI

Ma technique positive du jour

Mon défi positif du jour

La psychologie positive

La psychologie positive est la science qui étudie notamment les points communs des personnes les plus heureuses et met ainsi en évidence les facteurs favorisant le bonheur.

Aujourd'hui, notez tous vos petits moments de bonheur, toutes vos petites joies ou vos petits plaisirs (un sourire, un rayon de soleil, une odeur, un geste, une scène, une discussion, un regard...). Chaque petite émotion positive mérite d'être mise en lumière !

Ce que je retiens de bon de ces petits bonheurs du jour :

Mot-clé n° 1 : ....

Mot-clé n° 2 : ....

Mot-clé n° 3 : ....

Astuce : Pour chaque odeur, soyez attentive à ce que vous pensez et ressentez, et notez bien celles qui vous apaisent le plus !

SAMEDI

Mon déclic positif de la semaine

Relisez votre objectif positif page 12, ainsi que vos 15 mots-clés de la semaine. Qu'est-ce que cela vous fait comprendre ? Quels déclics positifs retenez-vous de cette dernière semaine de coaching ?

....

....

....

....

DIMANCHE

BILAN

Vous avez aimé booster votre zen attitude ? Alors essayez les idées ci-dessous !

Ma check-list zen

- ☐ Aménager mon chez-moi en mode feng shui
- ☐ M'inscrire à un week-end de méditation
- ☐ M'offrir un massage ayurvédique
- ☐ Participer à un atelier du bonheur
- ☐ Prendre un bain aux huiles essentielles
- ☐ Aménager mon espace extérieur en jardin zen

Vous pouvez être fière de vous !

Bravo ! Cette semaine vous avez réussi à identifier vos émotions et même à les exprimer de différentes façons. Que ce soit par les couleurs, les odeurs ou les mimes, vous avez pu constater que les émotions ne passent pas que par les mots. En découvrant l'importance des rituels positifs, vous avez compris qu'il ne tenait qu'à vous d'entretenir vos émotions positives. Alors prenez-en soin au moins autant que des autres !

Développer ses émotions positives

Voici 7 astuces pour booster vos émotions positives.

1. Commencez votre journée automatiquement par un sourire avant même d'ouvrir les yeux.
2. Chaque soir, notez les 3 plus belles émotions que vous avez ressenties dans la journée.
3. Dès que vous ressentez une émotion positive, partagez-la au plus vite avec quelqu'un.
4. Écrivez sur un Post-it les émotions positives que vous avez envie de ressentir plus souvent et collez-le sur votre miroir.
5. Prenez une pause chaque demi-journée pour respirer 3 fois profondément avec le sourire.
6. Regardez au moins deux fois par semaine un film ou une série amusante.
7. Pensez à dire régulièrement aux gens que vous aimez que vous les aimez.

Vous voilà au bout de votre coaching. Rendez-vous vite page 83 pour évaluer vos progrès !

Coaching positif n° 6 :
Révélez l'éveillée positive qui est en vous !

Vos réponses au test des forces naturelles vous ont orientée vers le coaching positif n° 6 ! Vous allez pouvoir renforcer votre spiritualité, votre ouverture d'esprit, au service de votre positivisme. Durant les 3 semaines à venir, vous allez développer encore plus votre goût pour la beauté et l'excellence, votre foi en la vie, en l'avenir ou en quelque chose de plus grand, votre gratitude, votre espoir et votre optimisme, mais aussi votre humour et votre enjouement au quotidien ! Être éveillée, c'est prendre de la hauteur et voir la vie autrement, avec un regard plus large, plus riche et plus profond. Mais, en même temps, c'est considérer le monde avec de la légèreté, de l'enthousiasme et de la tolérance. À l'aide de techniques comme le mandala, la danse intuitive ou le yoga du rire, laissez-vous guider jour après jour vers une vie débordante de visions et d'inspirations positives !

Semaine 1 : Je booste mon émerveillement !

L'émerveillement c'est la capacité de s'étonner, d'être éblouie, subjuguée ou sous le charme de quelque chose, d'une personne ou d'un spectacle ! L'émerveillement peut prendre différentes formes, allant de l'enchantement à la fascination et à l'étonnement.
Cette semaine, laissez-vous bercer par cette émotion un peu magique de l'émerveillement face à la beauté, l'excellence, la découverte, le mystère, la nouveauté ou même quelque chose de plus grand ! Ayez la tête dans les étoiles !

LUNDI

Ma technique positive du jour

La photothérapie
La photothérapie est une technique qui contribue à notre développement personnel à l'aide de la photographie, en nous invitant à devenir, soit le modèle, soit le photographe, selon l'approche.

Mon défi positif du jour

Aujourd'hui, Instagramez toutes les jolies choses que vous verrez (le détail d'une fleur ou d'un tissu, une rue insolite, un tag artistique caché en haut d'une façade, un verre convivial pris entre copines, des amoureux qui ont oublié le monde autour d'eux…). C'est le moment de tester votre nouveau Smartphone et sa fonction macro !

Ce que je retiens de bon de cette journée photo :

Mot-clé n° 1 : .... Mot-clé n° 2 : .... Mot-clé n° 3 : ....

MARDI

Ma technique positive du jour

Mon défi positif du jour

La boîte à compliments

La boîte à compliments est utilisée en développement personnel pour booster la confiance en soi. Cela consiste à noter sur un bout de papier chaque compliment que l'on reçoit et à les regrouper dans une boîte. À rouvrir dans les moments de doute !

Aujourd'hui, créez votre boîte à compliments, votre petit trésor de bonbons bien-être à vous ! Achetez une jolie boîte qui vous fait plaisir ou customisez-en une que vous possédez déjà. Glissez-y tout de suite votre premier billet, le souvenir d'un compliment qui vous a particulièrement touchée. Et dorénavant, déposez un papier à chaque compliment reçu !

Ce que je retiens de bon de cette boîte à compliments :

Mot-clé n° 1 : ....

Mot-clé n° 2 : ....

Mot-clé n° 3 : ....

MERCREDI

Ma technique positive du jour

Mon défi positif du jour

La logothérapie

La logothérapie est une psychothérapie qui sert à découvrir le sens de sa vie, pour trouver la force de surmonter toutes les épreuves et maintenir son équilibre intérieur : Pourquoi suis-je sur Terre ? Quelles sont mes raisons de vivre ? Quelles sont mes valeurs essentielles ? En quoi mes expériences traumatisantes ont-elles un sens ?

Aujourd'hui, listez au moins 3 raisons qui pourraient donner du sens à votre vie. Pour cela, identifiez 3 choses que vous avez apportées à ce monde ou 3 missions de vie que vous pourriez avoir !

Ma 1re raison de vivre : ....

Ma 2e raison de vivre : ....

Ma 3e raison de vivre : ....

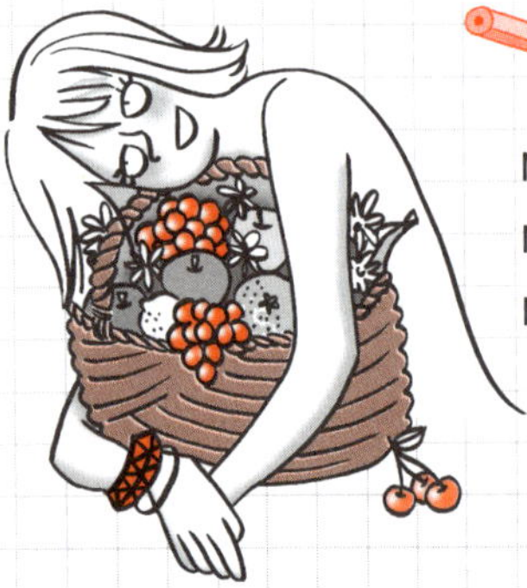

Le sens que j'ai découvert à ma vie :

Mot-clé n° 1 : ....

Mot-clé n° 2 : ....

Mot-clé n° 3 : ....

JEUDI

Ma technique positive du jour

Mon défi positif du jour

Le mandala

Un mandala est une création artistique représentant un cercle dans lequel s'harmonisent différentes formes, divers dessins, mots, couleurs, mouvements ou symboles. C'est un outil très utilisé en art-thérapie comme support d'expression, de relaxation ou, plus globalement, de développement personnel.

Aujourd'hui, dessinez votre mandala de la positive attitude !

Pour cela, vous allez tout simplement tracer un grand cercle et vous équiper de crayons de couleur ou de feutres de couleur, voire de stylos spéciaux (dorés, avec des paillettes) ou d'étiquettes fantaisie, etc. Puis vous allez vous concentrer sur la positive attitude et laisser libre cours à votre créativité pour remplir tout l'intérieur de ce cercle de formes, symétriques ou pas, artistiques ou symboliques… mais positives ! Vous pouvez même y intégrer des mots de façon harmonieuse.

Ce que je retiens de bon de ce mandala :

Mot-clé n° 1 : ....

Mot-clé n° 2 : ....

Mot-clé n° 3 : ....

VENDREDI

Ma technique positive du jour

Mon défi positif du jour

La lettre d'excellence

La lettre d'excellence consiste à exprimer par écrit notre admiration à une personne qui représente, selon nous, la perfection dans ce qu'elle est, ce qu'elle a dit ou ce qu'elle fait.

Aujourd'hui, rédigez une lettre d'excellence à l'attention d'une personne qui, selon vous, a fait une œuvre, un projet ou une contribution inestimable pour le monde.

Exprimez-lui les raisons de votre admiration, telle une fan face à son idole ! Attention, cependant, à ne pas tomber dans l'hystérie ou… dans les pommes !

Ce que je retiens de bon de cette lettre :

Mot-clé n° 1 : ....

Mot-clé n° 2 : ....

Mot-clé n° 3 : ....

SAMEDI

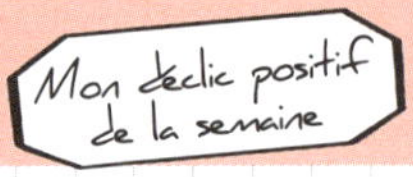

Relisez votre objectif positif page 12, ainsi que vos 15 mots-clés de la semaine. Qu'est-ce que cela vous fait comprendre ? Quels déclics positifs retenez-vous de cette première semaine de coaching ?

....

....

....

....

DIMANCHE

Vous avez aimé booster votre émerveillement ? Alors essayez les idées ci-dessous !

Ma check-list pour avoir des étoiles dans les yeux

- ☐ Voir un coucher de soleil sur une plage paradisiaque
- ☐ Faire l'amour au pied d'une cascade
- ☐ Vivre un moment à la Pretty woman
- ☐ Faire du cheval sur une plage
- ☐ Voir une aurore boréale
- ☐ Faire un voyage dans l'espace

Vous pouvez être fière de vous !

Bravo ! Cette semaine vous avez ouvert vos yeux et votre cœur à la beauté du monde, sous toutes ses formes. Vous ne voyez plus le monde du même œil depuis que vous l'avez photographié sous son meilleur jour ou dessiné sous l'angle de la positive attitude. Et vous avez sans doute constaté que la vie semble plus belle lorsqu'on est bercée de compliments et qu'on est investie d'une mission de vie. Alors continuez à vous émerveiller et diffusez cette vague de positif sur le monde !

Les missions de vie ?

Les chercheurs de psychologie positive ont mis en évidence, entre autres, une capacité commune permettant à des personnes de rebondir de façon positive malgré tous les aléas de la vie : elles croient en une mission de vie.

Concrètement, il s'agit de se demander quel est le sens de sa vie sur Terre, quelle est sa mission dans ce monde et comment agir pour remplir cette mission. Avoir un but permet d'accepter plus facilement les obstacles.

Voici 6 exemples de missions de vie :

– Révéler le meilleur des autres
– Mettre au monde des enfants
– Contribuer à la protection des animaux
– Créer du lien entre les gens
– Favoriser l'ouverture des esprits
– Donner de l'amour au plus grand nombre

Semaine 2 : Je booste ma gratitude !

La gratitude c'est ressentir un sentiment profond de reconnaissance envers une personne ou une situation qui nous a apporté un grand bienfait. Cette semaine, offrez votre gratitude sincère et profonde !

LUNDI

Ma technique positive du jour

Le carnet positif

Le carnet positif est un support qui, dans le cadre d'un coaching positif, sert à recenser chaque jour le positif dans sa vie.

Mon défi positif du jour

Aujourd'hui, créez votre carnet positif et commencez à y noter votre gratitude !

Pour cela, achetez-vous un joli cahier ou carnet (à customiser si vous en avez envie) et écrivez son titre : « Mon cahier positif ». Puis inscrivez en première page le début de phrase : « Je suis reconnaissante en la vie car… ». Complétez par autant de propositions que possible.

Ce que je retiens de bon de ce carnet positif :

Mot-clé n° 1 : ....   Mot-clé n° 2 : ....   Mot-clé n° 3 : ....

MARDI

Ma technique positive du jour

La lettre de remerciement

La lettre de remerciement sert à exprimer toute la gratitude qu'on ressent envers quelqu'un.

Mon défi positif du jour

Aujourd'hui, écrivez une lettre de gratitude à la personne qui compte le plus dans votre vie !

Exprimez-lui tout ce que vous ressentez de meilleur pour elle, tout ce pour quoi vous la remerciez (ce qu'elle a pu faire pour vous, mais aussi pour tout ce qu'elle vous apporte, par sa présence et sa façon d'être).

Ce que je retiens de bon de cette lettre de gratitude :

Mot-clé n° 1 : ....   Mot-clé n° 2 : ....   Mot-clé n° 3 : ....

MERCREDI

Ma technique positive du jour

Mon défi positif du jour

La visite de gratitude

La visite de gratitude est une démarche de coaching positif, qui nous invite à nous rendre chez une personne pour lui exprimer toute notre gratitude en face à face.

Aujourd'hui, rendez-vous chez une personne très importante pour vous et exprimez-lui votre gratitude sincère !

Expliquez-lui, les yeux dans les yeux, pourquoi vous avez envie de la remercier de tout cœur. Si votre voix se met à trembler ou vos larmes à couler, continuez tout de même ! Ce moment sera magique.

Ce que je retiens de bon de cette visite de gratitude :

Mot-clé n° 1 : ....

Mot-clé n° 2 : ....

Mot-clé n° 3 : ....

JEUDI

Ma technique positive du jour

Mon défi positif du jour

La danse intuitive

La danse intuitive est une technique de danse qui nous invite à donner libre cours à nos déplacements, nos mouvements et nos gestes, nous laissant porter par le rythme et les émotions que la musique fait naître.

Aujourd'hui, dansez pour remercier la vie, le monde, l'Univers ou quelque chose de plus grand encore !

Ce que je retiens de bon de cette danse intuitive :

Mot-clé n° 1 : ....

Mot-clé n° 2 : ....

Mot-clé n° 3 : ....

Astuce : Éteignez votre téléphone, installez-vous dans un endroit où vous serez totalement seule. Lancez la musique, fermez les yeux si cela peut vous aider, montez le son et bougez !

VENDREDI

Ma technique positive du jour

Mon défi positif du jour

Le galet d'ancrage

Le galet d'ancrage est un galet auquel on associe une émotion pour s'y reconnecter en cas de besoin.

Aujourd'hui, créez votre galet de gratitude !

Pour cela, trouvez un galet, dont la forme, la taille et la couleur vous plaisent. Fermez les yeux, votre galet dans les mains, et respirez profondément quelques minutes en convoquant toute la gratitude que vous avez en vous. Ouvrez les yeux et écrivez avec du vernis ou du cerne relief le mot « gratitude » sur le galet. Placez-le à l'endroit où il vous sera le plus utile selon vous : sur votre table de nuit, sur votre bureau ou dans votre sac à main !

Ce que je retiens de bon de ce galet de gratitude :

Mot-clé n° 1 : .... Mot-clé n° 2 : .... Mot-clé n° 3 : ....

SAMEDI

Mon déclic positif de la semaine

Relisez votre objectif positif page 12, ainsi que vos 15 mots-clés de la semaine. Qu'est-ce que cela vous fait comprendre ? Quels déclics positifs retenez-vous de cette deuxième semaine de coaching ?

....

....

....

....

DIMANCHE

BILAN

Vous avez aimé booster votre sentiment de gratitude ? Alors essayez les idées ci-dessous !

Ma check-list de gratitude

- ☐ Écrire une lettre de gratitude à mes parents
- ☐ Écrire une lettre de gratitude à mon (ma) meilleur(e) ami(e)
- ☐ Écrire une lettre de gratitude à mon amoureux
- ☐ Écrire une lettre de gratitude à mes enfants (ou futurs enfants)
- ☐ Écrire une lettre de gratitude à un enseignant qui m'a marquée
- ☐ Écrire une lettre de gratitude à l'Univers
- ☐ M'écrire une lettre de gratitude à moi-même

Vous pouvez être fière de vous !

Bravo ! Cette semaine, vous avez réussi à ressentir mais aussi à exprimer votre gratitude. Avec les mots (dans votre carnet positif, dans une lettre ou lors d'une visite de gratitude) ou bien au travers de votre corps lors de votre danse intuitive. Un petit sentiment de reconnaissance chaque jour vous donnera une vision toujours plus positive de la vie !

Les 7 principales sources de gratitude

1. La **gratitude pour une action** : un geste agréable, une attitude qui vous touche
2. La **gratitude pour une présence** : un soutien bienvenu et indéfectible
3. La **gratitude pour la chance** : le sentiment d'avoir une vie merveilleuse, d'avoir de la chance...
4. La **gratitude pour la nature** : une forme d'amour envers la nature, les plantes, les animaux...
5. La **gratitude pour l'Univers** : le sentiment d'être reliée, connectée aux autres, au monde, à l'Univers...
6. La **gratitude pour une forme de dieu** : une force supérieure qui veille sur vous...
7. La **gratitude pour vous-même** !

Semaine 3 : Je booste mon enjouement !

L'enjouement c'est la capacité à rire, apporter de la joie et de la bonne humeur, à toujours voir le bon côté des choses et le meilleur à venir. Cette semaine, renforcez votre humour, votre espoir et votre optimisme !

LUNDI

Ma technique positive du jour

Mon défi positif du jour

L'EMDR positif

L'EMDR (désensibilisation et reprogrammation par mouvements des yeux) est une thérapie utilisée principalement pour se libérer d'un traumatisme. Dans sa version positive, l'EMDR permet de renforcer les ressources positives internes.

Aujourd'hui, faites un exercice d'EMDR positif !

Pour cela, regardez une vidéo d'EMDR positif sur Internet. Tout en suivant des yeux le point, focalisez votre intention sur l'objectif de booster votre humour et votre enjouement.

Ce que je retiens de bon de l'EMDR positif :

Mot-clé n° 1 : ....   Mot-clé n° 2 : ....   Mot-clé n° 3 : ....

MARDI

Ma technique positive du jour

Mon défi positif du jour

Les rappels automatiques

Le rappel automatique intégré aux Smartphone et aux agendas électroniques permet d'avoir un petit message de rappel récurrent aux heures et rythmes de son choix.

Aujourd'hui, programmez au moins 4 rappels automatiques par jour qui vous feront sourire ou vous donneront confiance !

Ce que je retiens de bon de ces rappels automatiques :

Mot-clé n° 1 : ....

Mot-clé n° 2 : ....

Mot-clé n° 3 : ....

Astuce : Formulez-les sous forme de phrases positives comme « Debout ma belle, cette journée va être magique ! », « La vie est un jeu ! Pense à t'amuser ! » ou « Tout est possible, la force est en toi ! »

MERCREDI

Ma technique positive du jour

Mon défi positif du jour

La pensée créatrice

La pensée créatrice est une technique de développement personnel qui s'appuie sur la croyance que tout ce que je pense influence ce que je suis, ce que je fais et donc mes relations et la vie en général.

Aujourd'hui, faites comme si vous aviez un soleil à l'intérieur, qui brille et illumine tous ceux que vous croisez (les bonnes connaissances comme les inconnus). Regardez l'effet que cela produit !

Ce que je retiens de bon de cette pensée créatrice :

Mot-clé n° 1 : ....

Mot-clé n° 2 : ....

Mot-clé n° 3 : ....

JEUDI

Ma technique positive du jour

Mon défi positif du jour

Le yoga du rire
Le yoga du rire est une pratique contemporaine. Cela repose sur la thèse que l'action entraîne l'émotion, et donc qu'il est possible, rien que par le rire, d'augmenter la production des endorphines (les hormones du bonheur).

Aujourd'hui, testez un exercice de yoga du rire très simple et très rapide : faites comme si vous étiez prise d'un fou rire ! Reproduisez l'exercice autant de fois que vous le voulez dans la journée. Pratiquez seule pour vous ressourcer ou en groupe pour le plaisir.

Ce que je retiens de bon du yoga du rire :

Mot-clé n° 1 : .... Mot-clé n° 2 : .... Mot-clé n° 3 : ....

VENDREDI

Ma technique positive du jour

Mon défi positif du jour

L'autohypnose
L'autohypnose c'est pratiquer l'hypnose sur soi. Cela permet de se connecter à son inconscient.

Aujourd'hui, parlez avec votre inconscient !
Pour cela, installez-vous confortablement, respirez profondément. En commençant un décompte dans votre tête de 10 à 1, vous allez vous détendre de plus en plus.
Imaginez alors que vous parlez avec votre inconscient, et qu'il peut vous répondre. Demandez-lui quelle est la meilleure clé, selon lui, pour vous aider à développer votre optimisme. Parlez-lui comme s'il s'agissait d'un grand sage ! Ensuite, reprenez le décompte en sens inverse, de 1 à 10, pour redynamiser peu à peu votre corps et retrouver toute votre énergie. Ouvrez les yeux et respirez trois fois profondément.

Ce que je retiens de bon de cette séance d'autohypnose :

Mot-clé n° 1 : ....

Mot-clé n° 2 : ....

Mot-clé n° 3 : ....

SAMEDI

Mon déclic positif de la semaine

Relisez votre objectif positif page 12, ainsi que vos 15 mots-clés de la semaine. Qu'est-ce que cela vous fait comprendre ? Quels déclics positifs retenez-vous de cette dernière semaine de coaching ?

....

....

....

....

DIMANCHE

BILAN

Vous avez aimé booster votre enjouement ? Alors essayez les idées ci-dessous !

Ma check-list *made in* LOL

- ☐ Assister au spectacle d'un comique qui me fait beaucoup rire
- ☐ Participer à un cours de yoga du rire
- ☐ Faire des séances de chatouilles avec mes enfants
- ☐ Regarder régulièrement des films humoristiques
- ☐ Écouter à la radio Rire et chansons
- ☐ Regarder les zappings de fou rire sur YouTube
- ☐ M'abonner à la *newsletter* VDM

Vous pouvez être fière de vous !

Bravo ! Cette semaine vous avez réussi à trouver de multiples façons de provoquer votre rire, votre sourire ou votre enjouement. Que ce soit au niveau conscient ou inconscient, vous avez les ressources en vous pour stimuler votre optimisme et voir la vie de façon positive avec de plus en plus de facilité. Il ne tient qu'à vous de rayonner chaque jour !

Les ressources de l'optimisme

Un optimiste accueille ses émotions positives avec plaisir. Mais, en plus, il les diffuse largement autour de lui et dans ses autres piliers de vie. Exemple : apéritif à la maison pour fêter une bonne nouvelle au travail !

En revanche, il accueille ses émotions moins agréables avec bienveillance, ne les diffuse pas. Exemple : apéritif à la maison pour penser à autre chose.

Un pessimiste fait l'inverse : il diffuse ses émotions négatives mais garde en lui ses émotions positives. Exemple : ton agressif à la maison à la suite d'une mauvaise nouvelle au travail, et pas d'impact positif à la maison en cas de promotion professionnelle !

Chapitre 5

Je maintiens mon équilibre positif !

Bilan de coaching

Trois semaines que vous avez ouvert ce cahier pour la première fois. Vous avez eu l'occasion de tester des pratiques et de relever des défis qui vous ont amenée à prendre conscience de certaines choses. Vous avez eu des déclics pour booster votre positive attitude et avancer vers votre rêve de vie. Faisons un petit bilan…

Mes déclics positifs du coaching

Relisez vos déclics positifs notés chaque samedi. Qu'en retenez-vous de bon pour vous ? Pour positiver ?

....

....

Génial de constater que quelque chose a changé en vous, n'est-ce pas ? Ces petits déclics mis bout à bout sont les bases d'une transformation. Petit à petit, ils impactent concrètement votre niveau général de pensée positive. Alors, justement, voyons où vous en êtes de ce côté-là !

L'avancée vers mon objectif

C'est toujours un plaisir de faire des petits tests de personnalité, de relever des défis positifs, de vous poser des questions sur vous-même, d'expérimenter de nouvelles choses et de sentir en vous ces fameux déclics positifs. C'est encore mieux lorsque vous constatez une avancée positive dans votre vie, vers vos objectifs et vers votre rêve de vie, n'est-ce pas ?

Mon niveau de pensée positive

Rappelez-vous : votre objectif de coaching fixait un niveau de pensée positive à atteindre. Avez-vous remporté le challenge ? Avez-vous augmenté par rapport à votre état des lieux de départ page 8 ?

1 2 3 4 5 6 7 8 9 10

Si vous avez atteint votre objectif : Bravo, vous êtes très douée ! Vous devez être une personne positive et bien dans sa tête. Évidemment, vous avez quelques petits tracas parfois. Pour vous en libérer, équilibrez vos piliers de vie (voir page 85).

Si vous n'avez pas atteint votre objectif : Pas de panique ! N'avez-vous pas progressé déjà ? Vous manquez sans doute simplement d'entraînement. L'astuce : mettre en place des rituels positifs (voir page 90), pour pratiquer chaque jour comme les grands sportifs.

Mon avancée vers mon rêve de vie

Grâce à ce pilier de vie boosté, vous avez découvert de nouveaux outils pour améliorer vos capacités et votre bien-être global. Cela vous a-t-il rapproché de votre rêve de vie ? Comment ?

....

....

Qu'est-ce que cela vous permet d'accomplir dans votre vie désormais ?

....

....

Que vous manque-t-il pour poursuivre votre chemin vers la réalisation de votre rêve ?

....

....

Un second coaching ?

Ce qui est encore plus génial, c'est de se dire que vous pouvez encore renforcer votre positive attitude ! Vous voulez continuer à avancer vers votre rêve de vie ? Alors, débutez un nouveau coaching avec un second objectif positif ! Vous pouvez donc revenir au début de ce cahier pour 3 nouvelles semaines de coaching positif ! Déterminez un nouveau pilier de vie à renforcer (voir page 85). Et, pour varier les plaisirs et développer d'autres forces positives au service de votre rêve, choisissez un autre programme de coaching positif parmi les six proposés. De quoi vous offrir une formation positive bien complète !

Et comme la positive attitude ça s'entretient, avant de fermer votre cahier, découvrez comment maintenir votre équilibre positif à l'aide d'une méthode simple et efficace.

J'équilibre le positif dans mes piliers de vie

Comme vous l'avez remarqué, notre vie se compose de plusieurs domaines essentiels, qui tous contribuent à notre équilibre. Si certains nous préoccupent beaucoup (la vie amoureuse, la vie professionnelle et la vie familiale sont souvent au cœur des discussions), les autres ne sont pas à négliger. Car même si ces trois piliers sont entretenus dans une belle énergie positive, pensez-vous être aussi tranquille si, parallèlement, vous avez une dette de 30 000 euros, une amie qui refuse de répondre à vos appels, une migraine chronique ou le réflexe d'éviter tous les miroirs de peur d'y croiser votre reflet ?

La bonne nouvelle ? Aucun pilier n'est uniquement négatif. Mais surtout : il est possible de renforcer le positif au sein de chacun. Alors, faites votre bilan des piliers de vie (chaque mois ou chaque année) !

J'évalue mon niveau de positif dans mes piliers de vie

Sur chacun des piliers de vie suivants, notez vos points forts, ce qui vous apporte déjà du plaisir, du bien-être, de l'énergie, de la force ou de l'amour.

Vie amoureuse

(Dans ma relation de couple, par exemple : la confiance, le respect, la complicité, la sexualité, la tendresse, la fidélité, les temps partagés, la liberté, etc. – Si je suis célibataire : l'indépendance, l'amitié, le dynamisme, l'épanouissement personnel, etc.)

Les +

✗ ....

✗ ....

✗ ....

✗ ....

✗ ....

Vie familiale

(Par exemple : ma bonne relation avec ma mère, mon père, mes frères et sœurs, mes enfants, ma famille, mes valeurs de famille, les rituels ou RV familiaux, etc., ce que cela m'apporte)

Les +

✗ ....

✗ ....

✗ ....

✗ ....

✗ ....

Vie professionnelle

(Par exemple : mes horaires, mon salaire, la sécurité du CDI, mes relations avec mes collègues, avec mon patron, mon épanouissement, mes responsabilités, mon autonomie…)

Les +

✗ ....

✗ ....

✗ ....

✗ ....

✗ ....

Vie sociale

(Par exemple : mes amis, mes liens avec les gens en général, la qualité ou la quantité de temps passé avec des personnes importantes pour moi, mon ouverture sociale)

Les +

....

....

....

....

....

Plaisirs personnels

(Par exemple : mes activités de loisir, de détente, mes passions, les plaisirs simples)

Les +

- ✗ ....
- ✗ ....
- ✗ ....
- ✗ ....
- ✗ ....

Hygiène de vie

(Par exemple : mon sommeil, mon alimentation, ma santé, mes habitudes d'entretien du corps)

Les +

- ✗ ....
- ✗ ....
- ✗ ....
- ✗ ....
- ✗ ....

Gestion du quotidien

(Par exemple : ma gestion du temps, de l'argent, de mes papiers administratifs, de mes priorités, de mes tâches ménagères, les courses)

Les +

- ✗ ....
- ✗ ....
- ✗ ....
- ✗ ....
- ✗ ....

Actions pour le monde

(Par exemple : mes actions de générosité, mon bénévolat, mon altruisme, ma citoyenneté, le tri sélectif, le don du sang, les dons à des associations caritatives…)

Les +

- ✗ ....
- ✗ ....
- ✗ ....
- ✗ ....
- ✗ ....

Épanouissement personnel

(Par exemple : mon plaisir d'apprendre, mon développement personnel, mon image de moi-même, mes rêves de vie…)

Les +

- ✗ ....
- ✗ ....
- ✗ ....
- ✗ ....
- ✗ ....

Je booste le positif dans chacun de mes piliers de vie

Tous vos piliers de vie comportent déjà du positif, bravo ! Mais ne vous reposez pas sur vos lauriers ! Prenez soin de chacun d'eux et boostez-les encore. Pour que cela soit facile, utilisez la méthode des petits pas : notez les petites actions SMARTEP (voir page 11), rapides et faciles à appliquer à court terme, qui pourront vous apporter du plaisir, du bien-être, de l'énergie, de la force ou de l'amour ! Cela ne vous coûtera rien mais vous rapportera beaucoup ! Vous allez ainsi progresser en positif sans aucun effort, sans presque vous en rendre compte. Et bientôt vous serez au top : le positif sur tous vos piliers de vie.

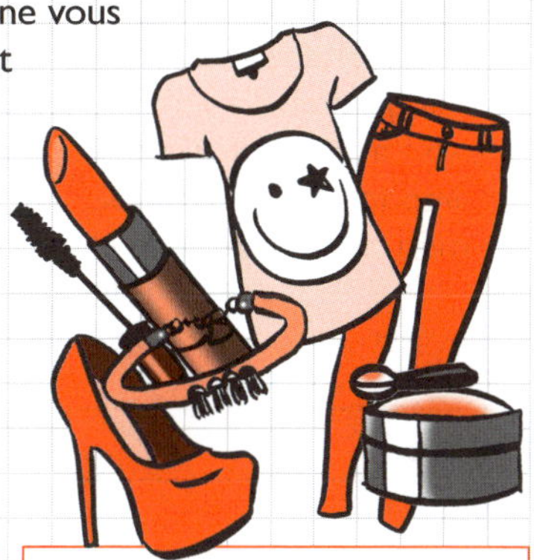

Vie amoureuse

(Par exemple : passer plus de temps à deux, prévoir nos vacances en amoureux, oser lui exprimer mon besoin, lui préparer une surprise pour son anniversaire…)

To do list to be positive !

✗ ....

✗ ....

✗ ....

✗ ....

✗ ....

Vie familiale

(Par exemple : passer du temps avec chacun de mes enfants, organiser une sortie en famille, prendre un temps chaque soir pour parler ensemble, appeler ma mère, rendre visite à mon frère…)

To do list to be positive !

✗ ....

✗ ....

✗ ....

✗ ....

✗ ....

Vie professionnelle

(Par exemple : trier mes tiroirs au bureau, demander une augmentation, changer mon ordinateur, lancer un projet, oser dire non, lâcher le travail à la maison…)

To do list to be positive !

✗ ....

✗ ....

✗ ....

✗ ....

✗ ....

Vie sociale

(Par exemple : organiser un repas entre amis, aller voir ma meilleure amie, oser sortir dans un lieu public même quand je suis mal dans ma peau, appeler un ami d'enfance, pardonner à une amie, me réconcilier avec une autre…)

To do list to be positive !

✗ ....
✗ ....
✗ ....
✗ ....
✗ ....

Plaisirs personnels

(Par exemple : m'accorder un temps chaque semaine pour moi, pour méditer, pour un massage, pour bronzer, m'inscrire dans une association pour l'année, partir à la mer, sortir danser…)

To do list to be positive !

✗ ....
✗ ....
✗ ....
✗ ....
✗ ....

Hygiène de vie

(Par exemple : manger plus de fruits et légumes, moins grignoter entre les repas, arrêter de fumer, aller à la piscine, refaire du footing, prendre RV chez la gynéco, le dermato…)

To do list to be positive !

✗ ....
✗ ....
✗ ....
✗ ....
✗ ....

Gestion du quotidien

(Par exemple : trier mon tas de papiers administratifs, m'acheter un kakémono, faire la liste de mes tâches hebdomadaires)

To do list to be positive !

✗ ....
✗ ....
✗ ....
✗ ....
✗ ....

Actions pour le monde

(Par exemple : commander ma carte de donneur d'organe, adhérer à une association, devenir bénévole, faire le tri de mes vêtements et les donner, manger bio)

To do list to be positive !

✗ ....
✗ ....
✗ ....
✗ ....
✗ ....

Épanouissement personnel

(Par exemple : faire un stage de développement personnel, prendre RV avec un coach, faire 3 semaines de coaching positif avec *Mon cahier Pensée positive*…)

To do list to be positive !

✗ ....
✗ ....
✗ ....
✗ ....
✗ ....

Bilan général de pensée positive

Après avoir fait la synthèse de vos points positifs et de ceux que vous pouvez booster encore pour atteindre la positive attitude que vous recherchez, remplissez maintenant votre roue de la vie en évaluant, dans chacun des piliers de vie, votre niveau de pensée positive, sur une échelle de 1 à 10. (1 : je ne peux que me sentir plus positive dans ce pilier/10 : je me sens parfaitement positive dans ce pilier.)
Lorsque vous dressez ainsi votre bilan de vie, rappelez-vous bien qu'il est essentiel d'être honnête avec vous-même. Vous évaluez votre propre potentiel, donc ne cherchez jamais à vous comparer aux autres, ne surestimez pas votre état au risque de tomber de haut, mais ne vous sous-estimez pas au risque de vous ralentir ! La clé de la réussite réside dans l'équilibre authentique de vos piliers de vie.

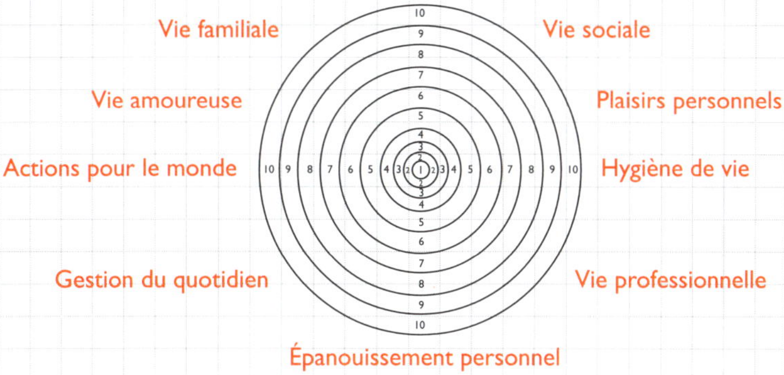

Votre objectif de pensée positive est double.

- Vous pouvez viser l'objectif d'équilibrer votre niveau de pensée positive dans vos piliers de vie, de façon que votre roue, quelle que soit sa taille, puisse rouler et continuer à avancer, et ce malgré les obstacles.
- Vous pouvez viser ensuite l'objectif d'augmenter le niveau de pensée positive sur l'ensemble de vos piliers de vie, de façon harmonieuse, afin de faire grandir votre roue et ainsi d'aller de plus en plus vite !

Je roule vers mon rêve !

Lorsque vous voyez votre roue de vie, est-elle suffisamment équilibrée pour avancer en direction de votre rêve ? Que se passe-t-il si vous imaginez passer la 5e et rouler à 180 km/h ? Est-elle suffisamment grande pour vous permettre d'atteindre votre rêve dans un délai qui vous semble raisonnable ?

- Si oui, il est temps pour vous de prendre l'engagement d'entretenir votre roue dans cet état !
- Si non, il est temps pour vous de prendre l'engagement de l'équilibrer ou de l'agrandir !

Je mets en place des rituels positifs

Dans une démarche de développement personnel ou de bien-être, l'idée de fond est celle de changer quelque chose en vous ou dans vos habitudes. Or, vous êtes un être humain, et ce type de changement ne se fait pas en un jour ! Pour obtenir des changements durables facilement, mettez en place des rituels ! Exécuter des comportements très précis et à heure fixe permet de les intégrer aisément, si bien qu'ils deviennent de réels automatismes.
Peut-être avez-vous déjà des rituels positifs sans en avoir conscience. Ou peut-être en avez-vous mis en place à la suite de votre coaching. Voyons ça de plus près…

Ma check-list de rituels positifs quotidiens

- ❑ Mes 3 profondes respirations au réveil, de bon matin, avec le sourire
- ❑ Mes 3 objectifs positifs pour la journée que je fixe chaque matin
- ❑ Mes 10 minutes le matin pour me chouchouter et me faire belle (crème, maquillage, parfum…)
- ❑ Ma phrase positive que je note chaque jour sur un Post-it à garder sous les yeux à mon travail
- ❑ Mon petit SMS que je m'envoie chaque jour à moi-même avec un cœur ou un smiley
- ❑ Ma séance de méditation de 10 minutes chaque jour à la même heure
- ❑ Mes 30 minutes de marche active par jour
- ❑ Mes 3 bonheurs du jour que je note chaque soir dans mon carnet positif
- ❑ Mon moment de gratitude chaque soir avant de m'endormir
- ❑ Mes autres rituels positifs quotidiens personnels : ……………………………………………………………

Ma check-list de rituels positifs hebdomadaires

- ❑ Ma liste d'objectifs positifs de la semaine le lundi (ce qui doit être fait avant dimanche soir)
- ❑ Ma soirée série TV girly le mercredi soir
- ❑ Ma séance de gym, de natation ou de sport de la semaine
- ❑ Ma demi-journée de liberté par semaine (rien de prévu à l'avance)
- ❑ Ma soirée canapé en famille du vendredi soir
- ❑ Ma grasse matinée chaque samedi matin
- ❑ Ma marche matinale chaque dimanche matin
- ❑ Ma soirée en amoureux chaque dimanche soir
- ❑ Mon bilan positif de fin de semaine le dimanche : points forts, points à améliorer
- ❑ Mes autres rituels hebdomadaires personnels : ……………………………………………………………

Ma check-list de rituels positifs mensuels

- ❑ Ma liste d'objectifs positifs du mois (les moments positifs que je veux vivre ce mois-ci)
- ❑ Ma séance mensuelle de massage un vendredi soir par mois
- ❑ Mon RV mensuel chez le coiffeur et/ou l'esthéticienne (épilation, manucure…)
- ❑ Ma sortie restaurant/cinéma en amoureux une fois par mois
- ❑ Ma séance de shopping avec ma fille une fois par mois
- ❑ Ma sortie familiale mensuelle (parc aquatique, plage, forêt, parc d'attractions…)
- ❑ Ma soirée entre amies chaque dernier lundi soir du mois
- ❑ Ma soirée de permanence bénévole au Point Écoute de ma ville
- ❑ Mon bilan mensuel des piliers de vie en fin en mois (voir page 89)
- ❑ Mes autres rituels positifs mensuels personnels : ……………………………………………………

Ma check-list de rituels positifs annuels

- ❑ Ma liste annuelle d'objectifs positifs (les moments positifs que je veux vivre cette année)
- ❑ Ma semaine de vacances en amoureux à travers le monde
- ❑ Ma semaine de vacances en famille (camping, Center Parcs® ou Club Med®…)
- ❑ Ma semaine de cure détox
- ❑ Mon week-end avec nos couples d'amis
- ❑ Ma réunion de famille chez mes parents avec toute la famille réunie
- ❑ Mon stage de développement personnel annuel
- ❑ Mon bilan annuel des piliers de vie en décembre (voir page 89)
- ❑ Mes autres rituels annuels personnels : ……………………………………………………

Mon planning de petits rituels

Dans toutes ces listes, cochez les nouveaux rituels que vous aimeriez intégrer dans votre vie pour maintenir votre positive attitude. N'hésitez pas à en créer d'autres et inscrivez-les dans le petit planning ci-dessous.

	Chaque jour	**Chaque semaine**	**Chaque mois**	**Chaque année**
Quel(s) rituel(s) ?	…………………… …………………… …………………… ……………………	…………………… …………………… …………………… ……………………	…………………… …………………… …………………… ……………………	…………………… …………………… …………………… ……………………
Quand ?	……………………	……………………	……………………	……………………

Astuces pour une hygiène de vie positive !

Pour avoir une vie 100 % positive, prenez soin de votre corps autant que de vos pensées ! Boostez votre vitalité en prenant soin des 5 piliers de la santé positive.

Premier pilier : la respiration

C'est l'élément qui contribue le plus à notre santé et à notre vitalité. Dès que nous manquons d'oxygène, nous perdons toutes nos forces.

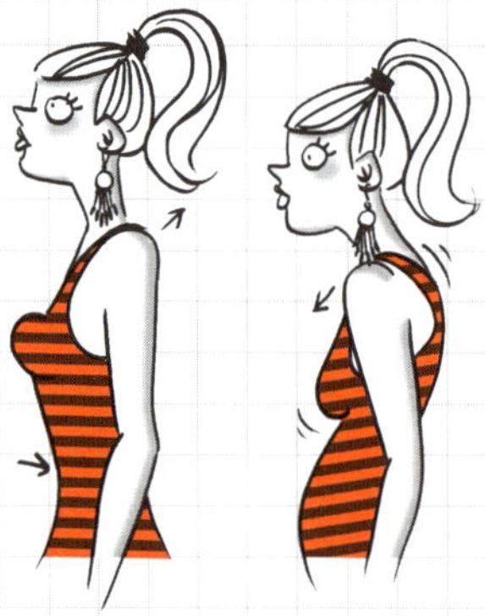

Astuce

Pour mieux respirer, faites travailler votre diaphragme : gonflez au maximum votre ventre à l'inspiration, bloquez 2 ou 3 secondes et rentrez le ventre à l'expiration. Cette technique permet de réduire efficacement les états de stress, mais aussi d'améliorer la concentration et d'apporter une sensation de bien-être.

Deuxième pilier : l'hydratation

L'eau constitue notre cerveau à 76 %, nos poumons à 90 % et notre sang à 84 % ! Elle transporte les nutriments vers tous nos organes et maintient le corps à bonne température.

Astuces

Pour être sûre de vous hydrater suffisamment, buvez l'équivalent de 50 cl d'eau pour 15 kg. Si vous faites environ 60 kg, 2 litres sont nécessaires.

- Commencez votre journée en buvant un grand verre d'eau, c'est le moment où vous êtes le plus déshydratée. Ajoutez-y du jus de citron et vous permettrez en plus à votre corps d'équilibrer son pH.
- Buvez de l'eau en dehors des repas pour faciliter la digestion.
- Consommez le maximum d'aliments riches en eau (fruits et légumes frais et crus).

Troisième pilier : l'alimentation

Le choix de vos aliments est déterminant pour votre santé. De quoi votre corps a-t-il besoin pour être positif, lui aussi ?

– De **70 %** d'aliments riches en eau (dont 80 % de légumes et 20 % de fruits)
– D'un apport naturel en sucres non raffinés, vitamines, minéraux, micronutriments et fibres
– De **10 %** de bons lipides (oméga 3, oméga 6, huiles d'olive, de lin, d'avocat…)
– De **10 %** de bonnes protéines (légumineuses, graines ou poissons d'eaux profondes…)
– De **10 %** d'hydrates de carbone (céréales complètes, riz basmati, quinoa, millet…)

Astuces

Réduisez vos quantités et mangez simplement à votre faim. N'hésitez pas à manger moins mais plus souvent dans la journée ! Pour profiter au mieux de vos repas, mangez détendue et prenez le temps de mastiquer.

Quatrième pilier : l'activité physique

L'activité physique est l'un des fondements de la santé positive.

Astuces

Voici 10 idées pour bouger chaque jour.

- ❑ 30 minutes de marche active
- ❑ 10 minutes de trampoline de bon matin
- ❑ 5 à 10 minutes de footing
- ❑ 5 à 10 minutes de crise de fou rire
- ❑ 45 minutes de yoga, Pilates ou stretching
- ❑ 45 minutes de salsa, swing ou danse africaine
- ❑ 45 minutes de zumba, step ou LIA-Dance
- ❑ 2 heures de courses, ménage, repassage
- ❑ 2 heures de tondeuse, bricolage, jardinage
- ❑ 15 à 30 minutes de câlins coquins

Cinquième pilier : le sommeil

Ce n'est pas la quantité mais bien la qualité de votre sommeil qui influencera votre niveau d'énergie. Pour voir la vie en rose, ne faites pas des nuits plus longues mais plus ressourçantes !

Astuces

- Levez-vous aux premiers rayons du soleil et ouvrez les volets pour en profiter. Le soir, au coucher du soleil, évitez les lumières trop fortes.
- Mangez régulièrement dans la journée, ne misez pas tout sur un seul repas et, surtout, une fois la nuit tombée, évitez autant que possible de manger.
- N'hésitez pas à prendre un bon bain chaud en fin de journée ou à faire une activité physique modérée qui augmentera votre température interne. Ou alors faites une petite séance de sauna, avec l'avis de votre médecin, de préférence en fin de journée.
- Gardez un rythme régulier : une heure fixe pour vous coucher, pour vous lever et faire une petite sieste.

Je m'engage définitivement dans le positif !

Vous voilà donc partie dans une nouvelle énergie, celle de la positive attitude. Bravo ! Vous avez maintenant à votre portée toutes les techniques et tous les outils pour non seulement booster votre pensée positive, mais également l'entretenir tout au long de votre vie. Pour être sûre de ne pas flancher, il est temps d'asseoir vos bonnes résolutions pour maintenir le cap positif en direction de votre rêve de vie. Pour cela, quels sont les 3 engagements positifs que vous pouvez prendre ?

Engagement n° 1 pour plus de positif dans ma vie :

....

Engagement n° 2 pour plus de positif dans ma vie :

....

Engagement n° 3 pour plus de positif dans ma vie :

....

Pourquoi ne pas intégrer dans vos engagements celui de refaire au moins 3 fois par an un coaching positif à l'aide de ce cahier pour avancer en direction de votre rêve ? Ou pour avancer dans chacun de vos piliers de vie, un par un ?

Je valide mes engagements en découpant ce « Post-it d'engagement » et en le collant sur mon frigo.

Moi, (nom prénom) ....

je m'engage en ce jour du ....

à tenir les 3 engagements suivants :

1. ....

....

2. ....

....

3. ....

....

Sur l'honneur, ...

Signature :

Allez, une dernière question tout de même avant de revenir au début de ce cahier pour un nouveau coaching positif : **Comment remplissez-vous aujourd'hui ce verre d'eau s'il représente votre vision positive de la vie actuelle ? N'avez-vous pas envie de le remplir… de couleurs ?**

Carnet d'adresses

Le blog de la psychologie positive pour tous
Actu, vidéos, livres, Mp3, télé, presse, sites, citations, expériences, exercices et échanges sur la psychologie positive. RdV sur le site : psychologie-positive.blogspot.fr

Réseau des Ateliers du bonheur
Découvrez l'Atelier du bonheur le plus proche de chez vous sur le site : www.atelierdubonheur.net

Printemps de l'optimisme
Découvrez le prochain RdV du Printemps de l'optimisme et des Dîners des optimistes près de chez vous sur le site : www.printempsdeloptimisme.com

Le Club positif
Abonnez-vous gratuitement au club pour recevoir des livres, des podcasts et de nombreuses sources d'inspiration positives directement dans votre boîte e-mail ! RdV sur le site : cpositif.com

Bibliographie

Shawn ACHOR, *Comment devenir un optimiste contagieux*, trad. Odile Van de Moortel, préf. Florence Servan-Schreiber, Belfond, coll. « L'Esprit d'ouverture », 2012.

Christophe ANDRE, *Vivre heureux. Psychologie du Bonheur*, Odile Jacob, coll. « Poche Odile Jacob », 2004.

Tal BEN-SHAHAR, *L'Apprentissage du bonheur*, Belfond, coll. « L'Esprit d'ouverture », 2010.

Ilona BONIWELL, *Introduction à la psychologie positive*, trad. Cécile Menon, Payot, 2012.

DALAÏ-LAMA XIV, Cutler HOWARD, *L'Art du bonheur : sagesse et sérénité au quotidien*, trad. Adrien Calmevent, J'ai Lu, n° 5615, 2008.

Daniel GOLEMAN, *L'Intelligence émotionnelle*, J'ai Lu, coll. « Bien-être. Psychologie », 2003.

Sonja LYUBOMIRSKY, *Comment être heureux… et le rester*, Flammarion, 2008.

Lucie MANDEVILLE, *Le Bonheur extraordinaire des gens ordinaires*, Éditions de l'Homme, coll. « Développement personnel », 2011.

Cécile NEUVILLE, *Le Secret du bonheur permanent*, Leduc S. Éditions, 2010.

Cécile NEUVILLE, *Apprendre à lâcher prise, c'est malin !*, Éditions du Quotidien Malin, 2013.

Jordi QUOIDBACH, *Pourquoi les gens heureux vivent-ils plus longtemps*, Dunod, coll. « Petites expériences de la psychologie », 2012.

Matthieu RICARD, *Plaidoyer pour le bonheur*, Pocket, coll. « Littérature », 2004.

Martin SELIGMAN, *La Force de l'optimisme*, Interedititions, coll. « Techniques de développement », 2008.

Découvrez tous nos cahiers pratiques et notre catalogue sur : www.solar.fr

Direction : Jean-Louis Hocq
Direction éditoriale : Suyapa Hammje
Direction d'ouvrage : Nathalie Riché
Édition : Gwladys Greusard
Mise en pages : Nord Compo
Couverture : Stéphanie Brepson
Fabrication : Céline Premel-Cabic

ISBN : 978-2-263-06884-3 – Code éditeur : S06884 – Dépôt légal : août 2015
Imprimé en France par Laballery – 506372

Solar | un département place des éditeurs